# 백촌栢村의 항심恒心

## —여기서 돌아보니, 나는

백촌 구석기 자서전

# 백촌栢村의 항심恒心

여기서 돌아보니, 나는

백촌栢村 구석기 자서전

1998년, 김대중 대통령 취임을 축하하며 손을 맞잡았다

## 머리글

나는 일생 동안 한결같은 마음을 지켜내며 살려고 애써왔다. 아호를 백촌(栢村)이라 칭한 것도 그와 같은 결을 따른 것이다. 백촌은 지금도 내가 살고 있는 고향 마을 동백리에서 따온 것이다. 단순히 '동백리 사람이다'라고 여겨질 수도 있지만, 예로부터 송백(松栢)은 유심(有心)이라 했다. 소나무와 측백나무는 다른 나무와 달리 정신이 있는 것이라 여겨졌다. 또한 사시(四時)로 가지와 잎사귀를 바꾸지 않는다. 즉, 언제나 뜻을 바꾸지 않는 것이 송백의 정신이다. 나는 그 굳건한 송백의 정신을 마음에 새기고 살아왔다.

어려서 조부의 관심과 애정을 듬뿍 받고 자랐다. 덕분에 한학과 더불어 많은 것을 배울 수 있었다. 일제 강점기와 6·25전쟁을 겪으며 유·청소년기를 보냈다. 그리고 약관의 나이에 정치계에 입문하여 40여 년을 군부 독재의 시대와 지난한 투쟁을 벌여 왔다. 민주당 창당을 시작으로, 김대중 전 대통령을 만난 후 그와 함께하며 군부정권의 종식과 문민 정권의 출범까지 긴 세월 동안 하나의 길을 걸어왔다.

한편으로 집안의 종손으로서 문중을 돌보면서 '백촌수산'이라는 이름으로 미역 수출 사업도 20여 년 영위했다. 또한 기장 지역민들을 위한 여러 가지 향토 사업도 소홀히 하지 않았다. 동래군 복권 문제, 기장 향교, 서당, 동일회 창단 등, 일생을 쉴 새 없이 달려왔다.

이제 와 돌이켜 보면 열심히 살았다고 자부하지만, 혼자였다면 결코 여기까지 오지 못했을 것이다. 언제나 그 자리에서 기다려 주는 가족들과 수많은 동지들과 벗들이 내 곁을 지켜 여기까지 왔다.

어느덧 내 나이 미수(米壽)를 바라보고 있다. 아직 건강하지만 세월을 비켜 갈 수는 없다. 이제 벗들도 동지들도 거의 떠났다. 기억이 운무(雲霧) 속을 걷는 것과 같을 때가 잦다. 더 흐려지기 전에 내 발걸음을 정리해야 할 것 같았다.

이 책을 통해 내가 말하고 싶은 것은, 내 삶의 성숙함이나 성공을 말하고자 함이 아니다. 오히려 안타까움과 성찰의 기록이다. 내 생이 내세울 만한 것은 아닐지라도, 다음 세대에게 조금이라도 타산지석(他山之石)이 될 수 있다면, 그것으로 족하다.

개인적인 심사는, 이렇게 나 살아온 이야기를 풀어놓으

니 문중의 제실을 정비하여 세운 때처럼 할 일을 다 한 것 같아 마음이 가볍다. 내 이야기를 읽어 주시는 분들에게 진심으로 감사의 뜻을 전한다. 부디, 나의 이 생(生)이 당신에게 조금이라도 도움이 될 수 있기를 바란다.

더불어, 부족한 내 이야기가 책으로 나올 수 있도록 도움 주신 모든 분들과, 나의 가족들에게도 깊은 감사를 올린다.

2021년 봄

구석기

date.1

## 동백리의 시간

## – 동백리의 기원과 백촌의 탄생

나는 일제 강점 시기였던 1936년, 당시 행정 구역으로 동래군 일광면 동백리[1]에서 태어났다. 동백리는 달음산이 동쪽으로 뻗어 나가 바다에 이르는 끝자락에 위치해 있다. 능성 구씨의 집성촌으로 우리 집안의 역사는 마을의 역사와 그 결을 같이했다.

동백리는 기장군 일광면이 생기기 전 조선시대에는 청광방(淸光坊)에 속했다. 일제 강점이 시작되고 1914년 기장군이 동래군에 합병되었다. 그때 일광면과 동면이 재편되었다. 기장의 만화리와 교리도 동면에 속했으나 읍내면으로 떨어져 나갔다. 동시에 읍내면은 남면과 합쳐져서 기장면이 되었다. 고을 이름을 면 이름으로 가져다 쓴 것이다. 그리고 동백 넘어 문사동, 신평, 칠암, 문중, 문동, 월리는 중북면에서 일광면으로 재편되었다. 결과적으로 읍내면과 남면이 합쳐져서 기장면이 되고, 동면과 중북면이 합쳐져서 일광면이 된 것이다.

그 와중에 이름이 사라져 버린 중북면에 속했던 몇 개 부

---

1  지금의 부산광역시 기장군 일광면 동백리.

락이 있었다. 당시 동백리 근처에는 바다와 산자락만 있어 농토가 많지 않았다. 그런데 그 중북면 부락 몇 개가 그나마 농토가 좀 많은 편이었다. 농토가 있으니 인구도 많았다. 그래서 일광면에서는 이천리가 제일 크고 동백리가 둘째가는 부락이 되었다. 하지만 세월이 지나 어업이 점점 발전되면서 학리도 칠암도 삼성도 동백리보다 커졌다. 농사가 중요한 시절에는 이천과 동백리가 컸고, 어업이 발달하면서 바닷가 동네로 다 옮겨간 것이다. 지금 동백리의 인구 밀도나 경제력은 일광면에서 5위쯤이나 될는지 모르겠다.

그 후에 동백리도 어업이 발달했다. 지금은 어촌계와 해녀조합도 있다. 공동어장을 통해 양식, 해산물 채취 등 어업을 많이 하는 동네가 되었다.

## – 새옹지마(塞翁之馬): 동백리 어업권

내 유년 시절만 해도 부락에는 반상(班常)이 있었다. 사농공상(士農工商)까지는 아니어도 그때는 어업하는 사람은 신분이 천하고 농사하는 사람은 좀 높았다. 농사는 중인들이, 어업은 천민들이 하는 것으로 여겨졌다. 바닷가에는 어려운 사람들이 집을 짓고 사는 해촌(海村)이 있고, 내륙으로 들어오면 농사를 짓고 사는 육동(陸洞)이 있는 그런 시절이었다. 동네 가구 수는 2백 호 정도 되었다. 옛날에 바닷가 쪽 돌이 쌓여 있는 아랫동네를 불등치라고 했다. 그리고 산쪽으로 웃뭣동이 있었고 여기 동백리는 동네의 중심지였다. 지금은 이런 이름을 아는 사람도 거의 남아 있지 않다.

그때부터 바다는 물고기와 해산물을 채취하는 막대한 이권이 있는 곳이었다. 하지만 동백리는 바다를 접한 동네였음에도 어업을 하지 못했다. 이유인즉슨, 그때는 조선조부터 예비군 제도가 있었고 그 예비군속에 따라 어업권이 주어졌다. 지금의 육군에 해당하는 역군(驛軍)과 수군에 해당하는 침군(沈軍)이 있었는데, 어업권은 침군에게만 주어졌다. 당시 청광방의 예비군은 역군(육군) 소속이라, 그 청

동백리의 시간

광방에 속한 동백리는 나라로부터 어업권을 얻지 못한 것이다. 그 결과 동백리를 중심으로 남쪽은 이천이, 위로는 칠암이 어업권을 가져갔다. 동백은 바닷가 바위 하나도 얻지 못했다. 이것이 일제 강점기까지 계속되었다. 일본 강점 하에서 '조선어업령'이라는 법과 규정이 새로이 만들어졌다. 하지만 그 조선어업령도 마찬가지였다. 그 규정 40조에는 '총독부령으로, 미역 각암은 관행에 의한다.'라는 조항이 있어, 이전에 하던 대로 계속 이어졌다. 그래서 동백리는 고기 잡는 배도 없고 바닷가에는 어려운 사람들이 집을 짓고 살 뿐이었다.

그러던 것이 광복 후에는 이권 문제로 동네 간 다툼이 간간이 발생하게 되었다. 관행 하나만을 기준으로, 동백리 지선에 들어가는 어장을 왜 다른 동네에서 가지느냐는 문제였다. 그러한 상황이 6·25전쟁이 끝나고도 계속되었다. 그리고 세월이 몇 년 더 흘러 4·19[2]혁명이 일어나고 5·16쿠데

---

2  1960년 4월에 학생을 비롯한 국민들이 이승만 자유당 정부의 독재와 부정부패, 부정 선거에 항의하여 벌인 민주 항쟁.

타[3]가 일어났다. 웃기게도 민족사의 비극이라 말할 수 있는 5·16쿠데타 이후에 수산법이 개정되어 동백리는 어업권을 가지게 되었다. 그때 만들어진 어촌계 규약 4조 2항에 '지선공동어장을 영유한다'라는 조건이 있었다. 이에 시비를 가리고 재판을 거쳐 어업권이 동백리로 돌아온 것이다. 인생지사 새옹지마(塞翁之馬)라지만 참 산다는 건 알 수 없는 일이다.

그 이후로 동백리도 어업이 발달하게 되었다. 왜정 때부터 제주에서 이주해서 살던 해녀들에게 군에서 해녀촌도 지어 주었다. 그 뒤로 해촌(海村)에 살던 가난한 사람들이 해녀 따라 물질을 배워 대를 이었다.

---

3   1961년 5월 16일 박정희 육군 소장과 김종필 등 정군파(整軍派) 장교 중심으로 이루어진 군사쿠데타.

## – 도래기둥[4]에 세 칸 겹집(接屋)

내가 자란 집은 세 칸 겹집의 한옥이었다. 조부께서 내가 태어나기 전에 신경 써서 지은 집이다. 본래부터 한옥의 정심은 음수로 할 수 없고 양수로 해야 한다. 어디를 지나다 가끔 보이는 네 칸 집은 왜색의 영향을 받아 지은 집들이다. 예로부터 1·3·5로 이어지는 것은 양수이고 2·4·8로 이어지는 것은 음수다. 이것은 향교를 지을 때도 마찬가지로 적용되었다. 대성전은 세 칸이나 다섯 칸이고 명륜당 중앙청도 마찬가지로 양수로 짓는다.

우리 집은 이 세 칸 겹집 구조였다. 이쪽으로 세 칸 저쪽으로도 세 칸이 이어진 겹구조로 지어졌다. 기둥은 도래기둥을 썼다. 양질의 나무 원심을 두고 네모를 깎아 팔모로, 팔모를 또 깎아 열여섯 모로, 이렇게 계속 깎아 나가 원이 되도록 깎아 만드는 것이 도래기둥이다. 기둥 하나에도 그만큼 정성이 들어간 것이다.

아래채는 아래채대로 대문이 있고 그 옆에 화장실이 있었다. 아래채와 위채 사이에는 중문이 있고 그 너머에 다시

---

4  두리기둥의 경상도 방언. 둘레를 둥그렇게 깎아 만든 기둥.

지금 아내와 살고 있는 동백리 자택의 전경

동백리의 시간

대문이 있고 또 화장실이 있었다. 그때는 아직도 남녀가 유별해서 남녀가 다니는 문과 화장실이 따로 있었던 것이다.

사랑채는 남사헌(南史軒), 본채 큰방은 어른들이 거하는 백인당(百忍堂), 그 옆에 못방(작은방, 모서리 방)은 자녀나 며느리가 거하는 곳으로 안분실(安分室)이라는 현판이 걸려 있었다. 뒷방은 앞에 내리 삼 칸이 접한 구조여서 앞에 마루가 있고 방이 있고 또 방이 있었다. 뒤칸은 지란실(芝蘭室)로 처녀들이 거하는 공간이었다.

근래에 옛집에 사는 부모의 건강을 걱정하는 자식들 성화에, 집을 부수고 신식으로 새로 지었다. 평생을 살던 옛집을 허물 때 그 허전한 심사라니. 지금도 생각하면 눈물이 날 듯하다. 거기에 더해서, 좋은 것 눈여겨보는 눈이 여기저기 있었던지, 집을 허물며 나온 도래기둥이며 기와, 구들까지 누가 다 훔쳐 갔다. 정계 일을 맡아 보느라 집을 비운 사이에는 아래채에 있던 병풍도 훔쳐 갔다. 식구들 말을 듣자니, 누가 자꾸 병풍을 팔라고 해서 거절을 했다고 한다. 그런데 언제 그랬는지 낙관 있는 폭을 칼로 오려서 훔쳐 갔다. 지금 생각해 보아도 참 어처구니가 없는 일이다.

## - 조부의 그늘 아래

　나의 조부님은 당대 식자이자 문화 인격자요, 훌륭한 어른이었다. 당대 증직(贈職)으로 동몽교관(童蒙敎官)[5]이라는 직책도 있었고 고을에서도 소문난 어른이었다. 아버님께 전해 들은 바로는, 조부님은 젊을 때부터 그 위세가 대단했다고 한다. 젊은 시절에는 종종 말을 타고 수영까지 왕래를 하셨다고 한다. 당시에 말을 타고 다니는 것은 큰 위세였던 모양이다. 말은 같은 동네에 살던 조부님의 자형의 것을 빌려 탔다. 그 자형은 경주 최씨로 몇천 석 부자였다. 말 머슴을 들여서 말을 키울 정도로 유복한 가계였다. 그 최 부자만큼은 못해도 외답의 세곡을 걷어서 연자방아를 돌리는 방앗간이 있는 집은, 동리에서 최 부잣집과 우리 집이 유일했다고 한다. 자형인 최 부자는 말은 있었지만 말을 탈 여가가 없었다. 타지로, 일본으로 다니며 사업을 하느라 늘 분주했던 것이다. 덕분에 그 말은 조부님이 타고 다녔다. 내가 기억하는 조부님은 이미 할아버지여서 말을 탄 모습을 눈으

---

5　조선시대, 어린이를 가르치기 위해 각 군현에 둔 벼슬. '동몽훈도(童蒙訓導)'를 고친 이름이다.

로 직접 보지는 못했다. 하지만 '말 타고 다니는 할배 손주' 라는 말을 가끔 들었다.

어쨌든 그런 조부님 덕분에 일제 강점 시기였음에 불구하고 우리 집은 비교적 유복한 형편으로 살 수 있었다. 설날이 되면 경찰 서장이 세배를 오는 적도 있었다. 심지어 동네에 무슨 사달이 나도 웬만해서는 순사들이 우리 집 사랑에 함부로 들어와 수색을 하지 못했다.

나는 그런 조부님 밑에서 네 살 때부터 아홉 살 때까지 가르침을 받았다. 단순히 가르침만 받은 것이 아니라 조부님이 계신 사랑채에 거하며 각별한 보살핌을 받고 자랐다.

그때는 밥을 지으면 보리밥 솥 가운데 쌀밥을 따로 안쳤다. 솥에 보리쌀 삶은 것을 넣고 쌀을 한 바가지 씻어 가운데 넣었다. 밥이 다 익으면 달걀노른자처럼 쌀밥이 딱 떨어지는데, 거기서 할아버지 밥만 한 그릇 뜨고 나머지는 다 섞었다. 섞으면 쌀이 어디 갔는지 보이지도 않았다. 반찬도 어른 것은 좋은 것으로 따로 했지만 나머지 식구들에 대한 배려는 없었다. 그건 어린아이라도 마찬가지였다.

그런데 할아버지 방에 기거하면서부터 할아버지와 겸상을 받았다. 쌀밥과 맛있는 반찬을 보니 어린 마음에 얼마나 좋던지, 성게 찐 것이며 이것저것 맛 좋은 반찬을 밥 한 숟가락에 반찬 한 숟가락씩 번갈아 가며 퍼 먹었다. 그걸 지켜보시던 할아버지가 말했다.

"석기야, 너는 양반의 자식이 음식 먹기를 상놈같이 먹느냐. 사람이라는 것은 밥을 먹어야 사는데, 혀가 약아서 이걸 잘 안 받아들여서 혀를 달래기 위해 약간의 반찬을 더불어 먹는 것이다. 밥 한 숟가락 떠라."

그래서 밥을 한 숟가락 뜨니 고기를 조금 뜯어서 올려 주시며 다시 일렀다.

"음식이라는 것은 인격하고 직접적 관련이 있다. 나중에 커서 사돈집에 가거나 친구하고 어디 가거나, 어디 행사에 손님으로 초청되거나, 초청을 하거나, 여럿이 교제할 때, 음식에 추하면 사람이 낙제다. 내가 먹고 싶은 것은 상대도 먹고 싶은 것인데, 마음대로 막 퍼먹으면 안 된다."

네 살 때 기억인데, 지금 생각해 보면 그 어린 걸 교육시키신 것도 대단하다. 사회생활하면 음식을 탐하면 안 된다는 가르침을 주신 덕분인지, 나는 성장하여 술자리 가서도 안주를 함부로 먹지 않는다. 술을 마시고 나서야 안주에 손을 대는 편이다.

그 외에도 자리에 앉는 것, 대화하는 것, 잠자는 것, 하나하나 안 가르치신 게 없다. 그렇게 마음을 두고 천자문도 가르치셨다. 처음 네 살 때는 하루에 넉 자씩 익혔는데 내가 곧잘 했다. 배운 글자로 응용도 하고 하니, 조부님도 신이 나서 속도를 높여서 하루에 여덟 자씩 배웠다. 그렇게 반년쯤 해서 천자문을 다 익혔다. 그다음에 이천자문, 소학언해까지.

그때는 사랑이 개방되어 있어 손님이 자주 들었다. 과객이 서울에서도 오고 충청도에서도 왔다. 자랑 같지만 그 과객들이 나를 자주 칭찬했다.

"어르신, 이 아이 공부 너무 시키지 마십시오. 서울 가도 이런 아이는 없습니다." 이러니, 할아버지는 기분이 좋아서 자꾸 더 가르치고 싶어 했다. 그런데 나는 다섯 살 어린애였다. 친구 따라 딱지도 치고 팽이도 치고 산으로 들로 놀러 가고 싶은데, 그 시간이 부족했다. 그렇다고 조부님이 안 보내 주는 것은 아니었지만 그 나이의 아이에게는 턱없이 부족하게 여겨졌었다.

그렇게 조부님은 나를 마음먹고 잘 키우려고 애를 쓰셨다. 때로는 엄하게 때로는 애틋하게 곁에 두었다. 어릴 때는 할아버지의 엄한 교육으로 요강에 소변을 볼 때조차, 조부님의 '쉬' 소리가 나야 소변이 나올 지경이었다. 언젠가 한 번은 어린 마음에 어머니가 무척 그리웠다. 그래서 할아버지에게 청했다.

"큰방 어머니에게 가서 하루 자고 오면 안 되겠습니까?"

그러니 당신이 보시기에도 어미를 그리워하는 어린 손자가 애처로워 보였던지, 그러라고 허락했다. 내가 하루를 자고 나서 다시 말했다.

"하루 더 자면 안 되겠습니까?"

"안 된다. 너 없으면 내가 잠이 안 온다."

하시며 허허 웃었다. 그렇게 나에게 지독한 사랑을 베푼 조부님은 내 나이 아홉 살에 돌아가셨다. 해방을 한 해 남겨 둔 1944년이었다.

조부님 돌아가시고 나자 사정이 바로 달라졌다. 일본 순사들이 밀주 단속을 핑계로 집에서 담그는 술도 단속했다. 그 후로 종종 이것저것 뜯으러 와서 행패를 부렸다. 조부님 돌아가시자 금단의 구역이 풀려 버린 것 같았다. 그때부터 공출[6]을 핑계로 최소한 먹을 것만 남겨 두고 다 뺏어 가기

---

6　식민지 시절에 일제가 강제로 걷어 가는 세금이 있었다. 요즘으로 치면 소득세에 해당하는 것이었지만 곡식과 패물까지 빼앗았다.

시작했다. 처음에는 보리를 일본인들이 좋아하지 않는지 가져가지 않았다. 그래서 우리는 그때부터 보리쌀만 계속 먹고 살았다. 하지만 그것도 오래가지 않았다. 일제 말에는 수세에 몰린 전쟁 탓에 수탈이 더 심했다. 남은 양식도 공출로 다 받아 가고 놋그릇, 제기까지 가마니에 담아서 가져갔다.

그 후로 나는 해방과 전쟁을 겪고 군부 독재의 시대를 지나왔다. 그 와중에 정치를 하고 문중을 돌보며 아버지가 되고, 이제 여든다섯의 할아버지가 되었다. 이제 와 돌이켜 보면, 그 긴 시간을 버틸 수 있게 해 준 것은 조부님의 가르침이다. 한학에 눈을 뜨게 하여 세계를 이해하게 해 준 것도, 알뜰히 살펴 키워 인간으로서의 토대를 탄탄히 빚어 놓으신 것도, 다 조부님이다. 어린 시절 조부님과의 5년 동거가 내 평생의 감사와 교훈으로 남았다.

손주 사랑이 넘치셨던 할아버지와 할머니

동백리의 시간

## - 국민학교 입학 시험

내 나이 만 6세(1943년)가 되었을 때 국민학교[7] 입학 시험을 보라는 통지서가 왔다. 아직 일제 강점시대였던 터라 부친이 조부님께 승낙을 받으러 갔다. 하지만 할아버지는 반대했다.

"안 된다. 가지 마라. 왜놈들은 내일모레 망할 것인데, 지금 왜놈들 공부를 왜 하느냐. 왜놈이나 조선놈이나 우리 석기 가르칠 놈은 하나도 없다. 석기보다 더 아는 놈 하나도 없다."라며 말리셨다. 민망하게도 손자에 대한 자부심이 대단하셨다. 지금 생각해 보면 조부께서는, 식민지 말기 일제의 광기 어린 행동을 보시고 일본의 패망도 예측하고 계셨다. 하지만 부친은 연습 삼아서라도 시험은 한번 쳐 보게 하겠다며 나를 학교로 데리고 갔다.

그 당시 내가 가진 지식이라고는 조부에게서 배운 한학

---

7    초등 보통교육 시설의 명칭은 갑오개혁 이후 '소학교-보통학교-심상소학교'로 변화하였다. 이 명칭은 1941년에 변화한다. 이것은 '충량한 일본국의 신민'을 만들려 했던 일제 강점기 교육 정책의 일환이었다. 해방 후에도 명칭이 이어져 오다가 1996년에 초등학교로 개칭되었다.

과 일상어로 쓰이는 일본말을 조금 아는 게 전부였다. 천자문, 이천자문, 명심보감을 익혔을 뿐이었다. 글 또한 한문만 있는 줄 알았다. 가나(히라가나)도 있고 한글도 있는지는 몰랐다. 어쨌든 그렇게 국민학교 입학 시험을 치르러 갔다.

먼저 일본인 교장(오쿠다 마사)을 만났다. 그림책을 내어놓고 일본어로 몇 가지 물어서 대답하니, "가시꼬이나(영리하구나)"라고 말했다. 당시에는 그 말뜻을 몰라 의아해할 뿐이었다. 그래서 아버지 눈치를 보니 입꼬리가 웃고 있었다. 복도로 나오니 수험표를 주고 줄을 세웠다. 교실에 가니 칠판에 가나를 써놓고 따라 써 보라고 시켰다. 복잡한 한문도 곧잘 쓰던 터라 쉽게 따라 썼다. 그다음에는 손가락을 접었다 폈다 검사하고, 두 장 분량의 필기 시험을 치렀다.

그러고 교실을 나오려고 일어섰다. 그런데 웬 단발머리 여성이 말했다.

"야, 너 아직 가면 안 돼."

그때 나는 만손주여서 형도 누나도 없었다. 오롯이 할아버지 밑에서 유교식 교육을 받고 자라던 터라, 여자 선생님이 있다고는 생각지도 못했다. 내 머릿속에 있는 선생이라면, 자고로 들고 있는 담뱃대가 이만큼 길어야 선생인 줄 알

동백리의 시간

았다. 그래서 "댁이 뭔데요!"라고 말하고 말았다. 그 뒤로 어
영부영 다툼도 아닌 실랑이를 하고 교실을 나왔다. 그때 같
이 시험 치던 창호라는 친구가 따라오며 말했다.

"석기 니 떨어졌다."

"와?"

"니 여선생한테 말 놨다 아이가."

"단발머리 여자? 그 사람이 선생이가?"

그러고 운동장으로 나오니 아버지가 기다리고 있었다.

"시키는 대로 잘했나?"

그래서 우물우물 대답했다.

"아버지, 저는 떨어졌습니다."

"떨어지기는, 교장이 너보고 영리하다고 공부하러 오라
그랬는데."

"창호가 그러는데 저 떨어졌다고 그라데요."

"창호가 누고?"

"저 밑에 동네, 적성."

"아 일병이 아들?"

"예. 단발머리 한 사람이 선생님인데, 제가 모르고 싸움
을 해가 그렇습니다."

아버지는 잠시 서서 씩 웃었다.

"가자. 아직 발표도 안 났다."

그리고 집으로 돌아왔다. 며칠 뒤에 발표가 났다. 나보고 떨어졌다고 하던 창호는 떨어지고 나는 붙었다.

## – 덩치 큰 친구들과 창씨개명

국민학교에 들어가니 나보다 큰 아이들이 많았다. 나는 덩치도 작고 약한 편이어서 '나는 왜 이리 작을까?' 하고 생각하곤 했다. 후에 안 일이지만 같은 반 봉수와 대일이는 나보다 세 살이 많았다. 그때는 아홉 살, 열 살에 입학하는 일도 부지기수였다. 더군다나 나는 한 해 일찍 입학했다. 사정이 그렇다 보니 당연히 덩치가 작을 수밖에 없었다. 하지만 그 생각은 꿈에도 못 했다. 동기니까 그저 다 동갑이라고 생각하고 다 한 반 친구로 지냈다. 다만 운동회를 하면 서너 살 덜 자란 몸으로 경쟁하기가 힘들었다. 앞서 달리는 친구를 앞지르려고 기를 쓰고 달렸지만, 애초부터 말이 안 되는 일이었다. 그것도 모르고 애먼 내 몸 작은 것에 분한 마음만 일었다. 후에 친구들 나이를 알게 되었지만 생활을 살아내는 게 더 힘든 시기였던 터라, 나이 몇 살 차이 나는 동급생 따위는 아무 문제도 되지 않았다.

처음 일광국민학교 분교로 입학했을 때는 동기들이 서른다섯 명이었다. 그때는 한 반도 되지 않는 인원이었다. 그러다가 해방이 되고 귀환 동포들이 돌아왔다. 일본과 중국에서 온 아이들이 우리 학년에 편입되었다. 그리고 일본말로 고스까이(강습생)라고 부르며 정원에 포함시키지 않았던 아이들과, 한 학년 아래에서 나이가 많거나 학습을 따라갈 만한 아이들을 월반해서 편입시켰다. 그렇게 한 반을 만들어서 졸업할 때는 총 64명이었다.

이런 일도 있었다. 어떤 친구는 입학 시험에 두 번이나 떨어졌다. 그 친구는 그게 부끄러워 그다음 해에 동생 이름으로 시험을 쳐서 입학했다. 그때는 모두가 창씨개명을 강요받던 시기여서 일본 이름이 있었다. 그 친구의 일본 이름이 '오오시로 오오야마'였다. 하지만 그건 동생의 이름을 일본식으로 바꾼 것이었다. 그다음 해에 동생이 입학했다. 그러니 학교에 '오오시로 오오야마'가 둘이 되었다. 그제야 사정을 알게 된 선생이 친구의 이름을 '오오시로 다이키'로 바꿔 주었다.

그땐 초등학교도 '월사금'이라고 회비가 있었다. 점심시간이 되면 일본 선생이 월사금 못 낸 아이들을 집에 보냈다. 집에 가서 당장 가져오라는 것이다. 그 어렵던 시절에 집에 가도 별 뾰족한 수가 있을 리 만무했다. 하지만 그런 일이 종종 있었다. 아이들의 기분 같은 것은 고려 대상에도 없었

　　　　　　　　　　　　　동백리의 시간

어린 시절 친구들과

다. 지금 같으면 상상도 할 수 없는 일이지만, 그때는 그랬다.

동백리의 시간

## – 성수명 선생님

국민학교 3학년 가을에 해방이 되었다. 나는 어릴 때부터 조부님께 한문을 배웠기에 한문만 글인 줄 알았는데 국민학교 가서 가나(일어)를 배웠다. 그리고 해방이 되고 나서 나는 우리 조선의 글이 한문인 줄 알았던 탓에 '이제 다시 한문을 쓰겠구나' 생각했다. 그런데 한글이 있었다. 어쩔 수 없이 한글을 익히고 한 해가 더 지나 4학년이 되었을 때, 한글로 된 교재가 발행되었다. 하지만 해방 직후 질서가 어수선했던 탓인지, 5학년이 되어도 학교로 인쇄된 교과서가 오지 않았다. 그때까지도 교과서 없이 공부를 했다.

5학년이 되었을 때, 성수명이라는 선생님이 새로 부임했다. 오면서 가져온 교과서가 있어 처음으로 한글 교과서를 구경할 수 있었다. 내용은 우리가 배우던 책이었는데, 실제로 보니 정말로 탐스럽기 짝이 없었다.

성수명 선생님은 역사 수업을 하다가 사육신 얘기가 나오면 목에 핏대를 세우고 열강을 하였다. 특히 성삼문 얘기가 나오면 더 열정적으로 이야기했다. 그러면서 자기가 그 자손이라고 슬그머니 끼워서 말하고는 했다. 그 외에도 이

준, 안중근 등 여러 열사 이야기를 해 주며 그 정신을 본받도록 했다. 한참 가치관이 형성되는 시기였던 터라 그 선생님의 이야기에 많은 영향을 받았다.

그때까지만 해도 나는 숫기가 없는 아이였다. 수업 시간에 선생님이 문제를 내고 '아는 사람 손 들어라.' 이러면, 주위를 돌아보고 아무도 들지 않으면 나도 손을 들지 않았다. 공부 잘하는 친구 누구라도 하나 들면, 그제서야 나도 따라 들었다. 하지만 교단 위에서 지켜보는 선생님이 그런 내 성격을 모를 리가 없었다. 한번은 이런 일화가 있었다. 선생님이 칠판에다 개천절을 한자로 써놓고 물었다.

"이거 누구 아는 사람 손 들어라."

아무도 손을 들지 않았다. 선생님은 이리저리 둘러보다가 말했다.

"구석기 일어나."

나는 얼결에 부스스 일어났다.

"이게 무슨 자(字)고?"

"열 개(開), 하늘 천(天), 마디 절(節)잡니다."

"그래, 뜻은 뭐고?"

"하늘이 열린 날이다. 이런 뜻입니다."

"알면서 왜 손 안 드노."

그때는 왜 그리 숫기가 없었는지. 나는 쭈뼛거리며 그냥 서 있었다. 하지만 그런 내 성격은 중학교에 들어가면서 완전히 바뀌었다. 할 말 다 하는 강단 있는 청소년으로 자랐다.

## – 전쟁과 밤손님

　전쟁이 나고 후방에 속한 동백리에도 밤이 되면 총소리가 자주 들렸다. 민방위대가 주야로 총을 들고 다녔다. 그때 내 나이가 열다섯, 중학교 2학년이었다. 군에도 몇 번이나 징집될 뻔했다. 당시 분위기로는 나이도 별 상관이 없었다. 길 가다 잡혀가면 보충대로 끌려가서 훈련을 받고, 바로 전쟁터에 투입되었다. 실제로 어린 나이에 끌려간 아이들도 많았다. 다행히 나는 잡혀가지 않았다. 징집 대상으로 잡히면 우선 학교에 연락을 했다. 학교 교장이 '우리 학생이다.'라고 밝히면 다시 돌아올 수 있었다. 그렇게 우리 학생이라고 불리지 못하면 끝이었다. 바로 기차를 태워서 포항으로 보냈다. 거기서 다시 LST(미군 수송선)를 태워 제주도로 보냈다. 그때는 제주도에 군사 훈련소가 있었다. 거기서 군사 훈련을 받고 바로 전쟁터로 보내졌다.

　밤이 되면 빨치산이 동네로 내려오곤 했다. 부잣집이나 좀 살 만한 집에 쳐들어가서 식량을 약탈해 가곤 했다. 내가 중학교를 다니는 동안 우리 집에도 세 번이나 빨치산이 쳐들어와 식량을 약탈해 갔다. 서른 명 내외의 무장한 무리들이 마당에 줄을 서서 준비해 온 자루에 곡식을 담았다. 자루가 차면 한 명씩 나가는 식이었다.

그런데 그중 하나가 내 플래시를 가져가려 들었다. 그 플래시는 내가 이른 새벽 통학을 할 때 어둠을 뚫고 가는 유일한 무기였다. 그렇지 않아도 한두 번도 아니고 세 번씩이나 와서 약탈을 하니 울화가 차 있던 중에, 그 꼴을 보고 더 참지 못하고 내가 나섰다. 그때의 나는 국민학교 시절 소심했던 것과 달리 체격도 자라고 간도 커졌다. 겁도 없이 빨치산에게 대들었다.

"당신들, 이래 한집을 계속 약탈해서야 되겠소."

이러니 그중 하나가 대꾸했다.

"이 집에 이것들 없어도 설 지낸다. 걱정 마라."

나도 지지 않고 대꾸했다.

"설은 지내지만 설만 지낸다고 다 되는 것이 아니오. 약탈을 해도 정도껏 해야지 이렇게 막무가내로 약탈하면 되겠소? 그리고 그 플래시는 새벽 통학 길에 십 리가 넘는 기차역까지 가는 동안 내 유일한 무기인데, 그걸 가져가면 되겠소?"

그러니 상대가 기가 막혔는지 말문을 닫았다. 그러다가

갑자기 나를 와락 끌어안으며 말했다.

"야, 이놈 똑똑하네. 니 우리랑 산에 같이 가자."

그 소리를 들은 어머니가 깜짝 놀라서 쌍심지를 켜며 고함을 질렀다.

"아니, 양석 다 집어 가면 됐지, 남의 집 아는 왜 델꼬 갈라 하는교"

어미의 서슬 퍼런 눈을 봤는지 나를 냅두고 양식만 챙겨서 돌아갔다. 지금 생각하면 무슨 정신에 그랬는지, 끝 간데 없이 간 큰 짓을 했었다.

빨치산이 다녀가면 다음 날이 더 피곤했다. 소문이 나면 관할 지서에서 나와 아버지를 데리고 가서 취조를 했다. 말인즉슨, 빨갱이가 와서 약탈을 해 가는데 집주인이 왜 지서에 와서 신고를 안 했느냐는 것이다. 하지만 무장한 빨치산이 언제 또 올지 모르는데 어떻게 신고를 한단 말인가. 그리고 신고하면 자기들이 오기나 하냔 말이다. 번번이 소 잃은 외양간이나 쳐다보며 남 탓이나 해대는 행세가 어디 한두 번이었냐 말이다. 그래도 지서에 가서는 꿀 먹은 벙어리로 당할 수밖에 없었다. 일이 생기면 약탈당한 집주인과 동리 이장이 잡혀가서 번번이 곤욕을 치르고 돌아왔다. 참다 참다 그 꼴을 또 당하기 싫어 이장직을 때려치우는 사람도 있었다. 그때는 그런 말도 되지 않는 일이 부지기수였다.

## – 전쟁 속의 등굣길

국민학교를 졸업하고 1949년에 동래중학에 시험을 쳐서 입학했다. 당시 동래중학은 명문이었고 학제가 6년제였다. 입학금도 꽤 비쌌다. 내 기억으로 그때 돈으로 사만육천원 정도였다. 당시에 소를 팔아 학비를 마련할 정도였으니 그 가치를 가늠할 수 있다.

하지만 중학교를 다니는 것은 만만치 않았다. 일단 거리가 멀었다. 동백리 집에서 새벽 5시에 일어나서 십 리를 걸어 일광역으로 갔다. 거기서 기차를 타고 동래역에 내려서 또 학교까지 걸어갔다. 그나마도 1학년을 마치고 2학년이 되자 더 어려워졌다. 2학년 때 6·25전쟁이 발발했다. 덕분에 학교가 몇 달 동안 전폐하였다. 뒤에 다시 소집을 해서 학교에 가니 학교는 군인들이 차지하고 있었다. 전시 수도였던 부산의 학교 건물은 모조리 군인들이 사용하고 있었다. 우리는 갈 곳이 없어 산이나 들에 모여 수업을 하곤 했다. 곧 동래역 앞에 천막을 친 간이 학교가 세워졌다. 그때부터는 그곳에서 수업을 하게 되었다.

전쟁이 터지자, 새벽에 플래시를 비춰 가며 십 리를 걸어

동래고등학교 시절 친구들과

일광역으로 가도 기차가 오지 않는 날이 많았다. 동해선 기차는 전쟁 내내 병사들과 군수품을 싣고 다녔다. 어느 날은 경주 있다고 하고, 어느 날은 포항에 있는 LST(미군 수송선)를 향해 달려가고 있다고 했다. 연착과 운행 취소가 다반사였다.

제시간에 기차를 타고 가서 등교를 하면 너무 이른 시간이었다. 캄캄한 날이 밝아 오기를 기다리며 도시락을 까먹고 한참을 있어야 다른 아이들이 등교를 했다. 학교를 마치고 집으로 돌아오는 길도 쉽지 않았다. 학교를 마치면 통근열차가 올때까지 동래역에서 기다렸다. 해가 져서 캄캄하도록 기차가 오지 않는 날도 많았다. 하루 종일 도시락 하나를 먹고 굶다가 밤늦게 집에 돌아가고는 했다. 덕분에 나는 한 해 결석일수가 70일이 넘었다. 그 지경이었으니 수업이 제대로 이루어질 리 없었다. 그 시절 학교에는 출석하러 다니는 것 이외에 의미가 없었다.

그런 상황에서 학제가 6년제에서 3년제로 바뀌었다. 중등 과정과 고등 과정이 분리된 것이다. 학기도 봄 학기에서 가을 학기로 변경되었다. 그렇게 어영부영 천막에서 중학 시절을 마쳤다. 그래도 졸업식만은 본교 강당을 빌어서 치렀다. 그리고 고등학교에 또 입학했다. 학제가 분리된 덕분에 고등학교에 갈 때 입학금을 다시 내야 했다. 고등학교는 전쟁과 전쟁 후의 어수선하고 피폐한 상황 속에서 다녔다. 그런 상황 때문이었는지, 자신 있었음에도 불구하고 3학년 때 서울대 사범대 사회학과를 지망했지만 시험에 떨어지고 말았다.

푸른 의기 백촌栢村의
시간

## - 사사오입(四捨五入)과 민주당 창당

고등학교 졸업반 때 대학 시험을 쳤다. 서울대학교 사범대 사회학과를 지망했지만 떨어졌다. 떨어지리라고는 생각지 못했던 터라 실망도 했다. 하지만 실의에 빠져 있을 틈은 없었다. 그 시절 대한민국은 혼돈의 시기로 들어가고 있었다. 세간에는 자유당[8]과 이승만이 주도한 개헌, 이른바 사사오입(四捨五入)[9] 개헌으로 영구 집권을 획책했다. 이에 반(反) 이승만 세력은 보수연합의 형태로 결집하여 1955년 9

---

8  1951년부터 1961년까지 존재한 한국의 정당. 이승만 대통령 주도로 자신의 집권 연장을 위해 창당된 보수 정당이다. 정부 수립 초기 정당 무용론을 주장했던 이승만 대통령은 국회 내에서 자신의 지지 기반이 약화되자 정국 타개를 위해 자유당 창당을 도모했다.

9  1954년 제1공화국의 제3대 국회에서 대통령 이승만에 대한 3선 제한의 철폐를 핵심으로 하는 헌법 개정안을 통과시킨 제2차 헌법 개정이다. 국회의 표결 결과 찬성이 1표 부족한 135표로 나와 부결되었으나, 여당이었던 자유당은 재적 의원 수인 203명의 3분의 2를 반올림하면 135명이 되어 의결 정족수를 충족한다고 주장하며 헌법 개정안을 통과시켰다.

월 18일 민주당[10]을 창당하였다.

〈민주당 창당 선언문〉

민주 정치의 요체는 2개 이상의 정당이 자유롭고 건전하게 병존 발전하여 상호 비판, 견제함으로써 국리 민복을 보장하고 국정에 대한 책임을 명백히 하는 동시에 국민의 의사에 따르는 정권의 원활한 이동으로써 정치 광정과 청신을 기함에 있다.

우리는 반공 반독재 투쟁과 책임 정치의 구현으로 자유 경제 체제의 균형 분배 정책을 실시함으로써 국리 민복을 기하련다. 우리는 이 역사적 과업을 수행하기 위하여 상호 겸양으로써 기성 조직과 소절에 구애됨이 없이 혼연 결속하여 오늘 민주당을 결성하여 우리와 염원을 같이하는 국

---

10   1955년 9월 18일에 결성, 장면(張勉)·정일형(鄭一亨) 등 흥사단계, 현석호(玄錫虎)·이태용(李泰鎔) 등 자유당 탈당계, 그리고 무소속 일부를 흡수하여 민주당을 발기. 1960년 4·19혁명으로 제2공화국의 정권을 장악하였다가 1961년 5·16군사정변으로 해산된 뒤 1963년에 재건되어 1965년 민중당으로 통합, 해체되었다.

민 대중과 함께 과감한 전진을 계속하여 그 목적을 달성할 것을 만천하 동포에게 엄숙히 선언하는 바이니 애국 동포 제현은 절대한 지지와 성원이 있기를 바란다.

〈정강〉

1. 일체의 독재주의를 배격하고 민주주의의 발전을 기한다.

2. 공정한 자유 선거에 의한 대의 정치와 내각 책임제의 구현을 기한다.

3. 자유 경제 원칙하에 생산을 증강하고 사회주의에 입각하여 공정한 분배로써 건전한 국민 경제의 발전을 기하며 특히 농민 노동자 기타 근로 대중의 복리 향상을 기한다.

4. 민족 문화를 육성하며 문화 교류를 촉진하여 세계 문화의 진전에 공헌함을 기한다.

5. 국력의 신장과 민주 우방과의 제휴로써 국토 통일과 국제주의의 확립을 기한다.

민주당은 창당 초기부터 강력한 야당으로 발돋움해 호

헌 투쟁을 펼치고 지방 조직 건설에 힘썼다. 덕분에 전국으로 산하 조직을 형성하였다. 하지만 우리 동래군에는 연배가 높은 어른은 민주당에 가입할 사람이 없었다. 그래서 청년들만 모여서 민주당을 만들었다. 나는 고등학교를 막 졸업한 시기여서 나이도 어리고 하여 고사를 했다. 하지만 손위의 선배들이 '나라가 경각에 달려 있는데, 이런 때에 개인의 사욕만을 추구하고 살아서 되겠느냐. 모두 힘을 합쳐서 일어서자.'라고 독려했다. 결국 나도 거기에 힘을 보태겠다고 뛰어들었다. 위원장으로는 최원봉[11]의 부친인 최창민을 추대했다. 나는 당내 노동부 차장직을 맡았다. 지금 생각해 보면 약관의 나이에 겁도 없이 정치판에 입문한 것이다.

당시 사사오입 개헌 이후로 제3대 대통령 선거를 앞둔

11　1922.4.18.~1950.11.10. 경남 동래군 장안면 좌천리 태생. 1950년 6월 제2대 국회의원에 당선. 그러나 당시 무소속 의원으로 이승만 정부와 각종 정책에서 대립. 특히 이승만 정부가 추진 중이었던 귀속 재산 처리법에 대한 경매제 방식으로의 개정안을 반대. 동년 11월 10일 서울에서 부산으로 내려가던 중에 경북 김천 황간 부근에서 북상하는 터키군 수송 차량의 갑작스런 도로 이탈로 충돌하여 사망. 4·19혁명 후 최원봉의 죽음에 대해 유족들은 정부를 향해 강력한 진상 조사 요구를 했었지만, 번번이 이유 없다며 거절당함.

사회적 분위기는, 이승만과 해공(海公) 신익희[12] 선생의 대치 구도였다. 하지만 해공 선생이 선거 유세 중 갑자기 서거하는 사건이 일어났다. 여러 가지 음모설이 돌았지만, 그와는 별개로 이승만에 대적할 수 있는 단 하나의 인물이 사라지자 민주당은 삐걱대기 시작했다. 사망 소식이 들리자 돛대를 잃은 민주당은 탈당자가 속출하였다.

당시 나와 같이 시대를 걱정하며 민주당 창당의 명분을 같이 세웠던 동지들도 대부분 탈당했다. 서슬 퍼런 자유당과 이승만의 폭거에 겁먹고 꽁무니를 빼는 사람, 신념을 버리고 권력의 끄트머리에 붙는 사람 등, 이리저리 추풍낙엽처럼 떨어져 나갔다. 창당 때부터 주도적 역할을 했었던 이영석 동지마저도 추구하는 이념의 차이로 사회주의 성향의 개혁 정당으로 옮겨 갔다. 놀라운 것은 위원장이었던 최창민도 탈당을 하고 말았다. 탈당을 하며 등사기와 인쇄 장비를 나에게 넘겨주고 갔다. 사무실 앞에는 순경 두 명이 와

---

12  일제 강점기 임시정부 내무총장, 국회의장 등을 역임한 정치인, 교육자, 독립운동가. 1954년 김성수, 조병옥, 윤보선, 장면, 박순천 등과 함께 호헌동지회와 민주당 창당에도 참여하는 등 야권 지도자로 활약하다가 1956년에는 제3대 대통령 선거에 출마했으나, 선거 유세를 다니던 중, 5월 5일 열차에서 갑자기 사망하였다.

서 보초를 서며 감시하였다. 당시 나는 민주당 동래군지부 노동위원장 직을 맡고 있었다. 일개 말직이 어찌해 볼 수 있는 상황이 아니었다.

하지만 상황이 불리하다 해서 한번 세운 뜻을 거둘 수는 없었다. 나는 부산 대청동에 있는 민주당 도당(경상도당)으로 무작정 찾아갔다. 찾아가서 도당 대표였던 김용진 위원장을 만나 담판을 지었다.

"시국이 이리 어수선하지만 우리가 세운 뜻이 있는데 흔들려서는 되겠습니까. 내가 당원 모집과 연차대회를 책임질 테니 앞으로 나아갑시다."

그렇게 결의가 되어 내가 적극적으로 당원 모집에 나섰다. 나는 전의 동지들이 내던지고 간 등사기로 전단을 만들었다. 그 전단을 들고 동래군 전역을 뛰어다녔다. 그때는 동래군이 구포와 사상, 북면이 포함되어 8개 면으로 이루어져 있었다. 주야로 그곳을 모두 쫓아다니며 전단을 돌리고 당원을 모집했다. 하지만 자유당의 독재다시피 한 세상에서 당원을 모으는 것은 쉽지 않았다. 설상가상으로 최초로 독감이 유행하여 나라 전체가 흉흉한 느낌마저 들었다. 활동 자금도 턱없이 부족했고 같이 일하는 동지들도 부족했다. 오죽했으면 내 당직이 노농부 차장이었는데, 두 달 만에 총무부장이 되었다. 직을 맡을 사람이 부족하니 어쩔 수 없는 노릇이었다. 참으로 고단한 시기였다. 하지만 포기하지 않고 노력한 결과 당을 유지할 수 있었다. 도당에서 연차대회와 개편대회도 치러내고 새 위원장도 선출했다.

## – 제4대 국회의원 선거: 김영삼과 조일재

민주당 초기 당원들이 대거 탈당한 후에 천신만고 끝에 당원을 다시 모아 개편대회를 치렀다. 그 개편대회를 통해 새로 동래군 위원장으로 모신 사람은 박은줄이었다. 박은줄은 동래군 정관면장을 지낸 분으로 내 아버지의 벗이기도 했다. 당을 재정비하고 얼마 있지 않아 4대 국회의원 선거[13]가 치러졌다. 하지만 우리 선구거에서 선거에 출마할 적당한 인물이 없었다. 위원장은 나를 보며 나가 보라고 했다.

"네가 출마하면, 둘이서 되는 데까지 선거운동을 해 보자. 지게에 마이크 지고 다니며 연설도 하고. 당선이 목표가 아니더라도 한번 해 보자."

하지만 안 될 말이었다. 그 당시 국회의원에 출마하려면 스물다섯이 넘어야 하는데 당시 내 나이는 스물셋이었다. 그리고 나는 정치 활동을 하면서도 마음으로 다짐한 바가

---

13 경상남도에서 1958년 5월 2일 시행된 대한민국 민의원 선거이다. 1선거구에서 1인을 선출하는 소선거구제를 택해 총 40개의 선거구에서 치러진 선거로 87.1%의 투표율을 기록하였다.

있었다. 그 다짐은 고교 시절 시의원에 출마한 선배를 돕다가 생겨난 것이었다.

나는 고교 시절에 선배이자 선생이었던 분의 시의원 보궐 선거를 도왔다. 김주익이라는 사람이었다. 그분이 부산시 시의원 출마를 했다. 나는 학생 신분임에도 도움을 청하여 도왔다. 그러던 중 낮에 선거 운동을 돕고 그 집에서 잠을 잘 일이 생겼다. 방에서 잠을 자려고 누웠는데, 출마한 선배와 선배 아버지의 대화가 새벽 늦도록 들렸다. 선거 자금과 선거 결과에 대해서, 두 부자가 밤새도록 걱정을 하고 있었다. 그 소리를 계속 듣고 있자니 참으로 할 짓이 아닌 것으로 여겨졌다. '부모가 살아 있을 때 선거에 나가는 건 미친 짓이구나. 이런 불효가 없다. 이만큼 부모를 걱정시키면 자식이라 할 수 있겠는가.' 그 이후로 나는 부모가 살아 계시는 한 출마는 하지 않겠다고 다짐했다. 차후에 선거에 후보로 출마하라는 권고를 여러 번 받았다. 하지만 모두 고사하였다. 후에 간곡한 청에 못 이겨 느즈막한 나이에 출마한 경험은 있다. 하지만 그건 부모님이 다 돌아가시고 난 이후였다.

어쨌든 당시의 나는 조건도 되지 않았고 출마를 할 마음

푸른 의기 백촌栢村의 시간

도 없었다. 내가 반대로 위원장에게 출마를 권했지만 위원장도 사양했다. 그러는 가운데 부산 서구 을당 위원장을 맡고 있던 조일재[14]가 동래군에 출마할 의사를 내비쳤다. 하지만 그때만 해도 부산과 동래의 지역적 구분이 있었고, 조일재가 갑자기 동래군에서 출마할 이유가 없었다. 있다 하더라도 부산 서구 을당으로 출마하는 게 바른 처사였다. 더군다나 선거구를 바꿔서 출마하면 당선 확률도 떨어질 것이 뻔했다. 그래서 나는 반대를 했다. 하지만 당내에서 속다른 사정이 있었다. 그것은 김영삼 전 대통령과 관계된 것이다.

사정은 이랬다. 당시 김영삼 씨는 이미 3대 국회의원에 당선된 바가 있었다. 고향인 거제에서 자유당 공천으로 당선됐었던 이력이 있었다. 선거 당시 부정선거로 말이 많았다. 거제도 앞바다에서 투표함이 떠다니는 해프닝이 있기도 했다. 하지만 이 젊은 국회의원 김영삼은 곧 자유당 국회의원 자리를 뿌리치고 민주당 창당에 참여했다. 사정이 그러니 다시 거제에서 출마할 수가 없었다. 거제도민으로부터 배신자의 낙인이 찍혔던 것이다. 그래서 경남 도당 차원

---

14  민주당 소속으로 동래군 지역 4대, 5대 국회의원을 지냈다.

에서 선거구를 배려하여 부산 서구 을지역을 준 것이다. 마침 조일재는 출마의 뜻은 있었지만 선거 자금에 여력이 없었다. 그런 차에 자금을 마련해 줄 테니 동래에 가서 출마하라고 하니 조일재는 그 뜻을 받아들인 것이다.

나와 위원장은 처음에는 반대했지만 별달리 출마할 인물이 없었다. 결국 도당의 의견을 받아들여 조일재를 후보로 선거운동을 했다. 지게에 마이크 지고 다니며 조기 연설을 하고 선거 유세를 했다. 상대 후보로 나온 사람은, 이승만 정권에서 문교부 장관을 지내고 자유당 원내총무를 역임했던 김법린[15]이였다.

내가 김법린의 행적을 거론하며 선거운동을 하고 다니자 김법린의 부인인 박덕순의 회유가 있었다. 김법린은 독립운동가이기도 했고 이 나라에 이바지한 바가 많은데, 죄도 없는 사람을 어찌 그리 비방하느냐는 것이었다. 그러니 여차저차해서 자기들과 같이 만수산 드렁칡으로 얽혀 백년을 누리자는 말이었다. 나는 가만히 듣고 있다가 대답했다.

---

15 독립운동가. 광복 이후 이승만 정권에서 문교부 장관, 자유당 원내총무 역임.

"당신 남편이 이승만의 거수기(擧手機)[16]인데, 왜 죄가 없습니까?"

꿀 먹은 벙어리가 된 김법린의 부인을 두고 자리에서 일어서서 다시 선거운동을 하러 갔다. 다행히 조일재가 당선이 되었다.

하지만 웃기게도 조일재의 지역구에 출마한 김영삼은 낙선하고 말았다. 아이러니하게도 이번에는 거제도 때와 달리 김영삼이 당했다. 자유당 측에서 투표함을 송설매라는 주류 회사로 가져가서 불을 지르고 표를 바꾸는 식으로 부정을 저질렀다. 그 결과 김영삼은 낙선하고 말았던 것이다.

조일재가 당선되고 국회 활동을 하러 서울에 가며 나에게 같이 가기를 청했다. 하지만 난 거절하고 군에 입대했다. 4대 국회 임기가 끝나기 전에 전역을 할 테니, 돌아오면 다음 선거도 같이하자고 약속을 하고 입대했다.

---

16  손을 드는 기계라는 뜻. 회의에서 가부를 결정할 때 자신의 생각과는 관계없이 남이 시키는 대로 손을 드는 사람을 얕잡아 이르는 말. 이승만 정권 당시의 자유당원을 말함.

## – 4·19혁명과 제2공화국의 출범

군 생활을 하고 있을 때 4·19혁명이 일어났다. 사사오입 개헌을 통해 종신 집권이 가능해진 이승만과 자유당의 독재정치는, 1960년 3·15부정선거를 통해 극에 달했다. 이승만은 민주당 조병옥 후보가 갑자기 사망하는 바람에 단독 후보가 되었다. 그 외에도 자유당의 선거 조작 및 개표 조작으로 이승만이 다시 당선되었다.

그 꼴을 지켜보던 민심은 드디어 폭발하고 말았다. 전국 학생들이 먼저 '독재정치와 부정부패 척결'이라는 슬로건을 내세워 시위를 시작했다. 한번 일어난 불은 사그라들지 않았다. 마산에서는 경찰이 시위대에 발포를 하여 100여 명의 사상자가 나왔다. 그리고 4월 11일에 눈에 최루탄이 박힌 김주열 학생의 시신이 마산 앞바다에서 발견되었다. 불길은 대학으로 그리고 민중에게로 옮겨붙었다. 4월 19일에는 전국에 대대적인 시위가 일어났다. 그날 서울 경무대 앞에서 경찰의 발포로 21명이 사망하고 172명이 부상을 입었다. 불은 더 크고 넓게 걷잡을 수 없을 만큼 퍼져 갔다. 끝내 4월 26일 이승만이 대통령 하야 성명을 발표했다.

푸른 의기 백촌栢村의 시간

이승만 정부가 붕괴되자 국회도 해산되었다. 그리고 대한민국 제2공화국이 수립되었다. 그리고 새 헌법에 따라 1960년 7월 29일에 제5대 국회의원 선거가 실시되었다. 이른바 7·29선거[17]였다. 조일재는 다시 당선되었다. 하지만 그것도 오래가지 못했다.

4·19로 제2공화국이 수립되었지만, 선출된 윤보선 대통령과 장면 총리 이하 5대 국회는 4·19 직후의 혼란을 제대로 수습하지 못하였다. 민주당은 4·19 의거의 민주적 이념을 적극적으로 구현하지 못했다. 경제 문제와 통일 문제를 분리하고 '경제 제일주의'를 내세우면서 통일 문제에 대해서는 소극적인 입장을 취했다. 거기에 당 내부의 분열과 계속되는 시위로 인해 사회 혼란이 지속되었다.

제2공화국은 전반적으로 집권당의 내분과 정치력 부재로, 사회적·경제적 혼란으로 응축되고 있었다. 그렇게 응축된 응어리들이 1961년 5월 16일 쿠데타를 불러오고 말았다. 결국 제2공화국 민주당 정권은 박정희를 중심으로 한 군부에게 정권을 빼앗기고 말았다. 4·19의 그 원대한 정신

---

17   제5대 민의원 및 제1회 참의원 선거로, 사실상 양원제가 처음으로 실시되었다.

군 시절 모습

을 이어받아서 제대로 펼쳐 보지도 못한 채, 집권 9개월 만
에 허무하게 무너지고 말았다.

## – 제3공화국과 6대 국회의원 선거

쿠데타로 정권을 장악한 군부는 제2공화국 헌법을 정지시켰다. 정당과 사회단체의 활동도 중단시키고 국회를 해산하였다. 군부가 이끄는 국가재건최고회의 중심의 체제로 전환시켰다. 1962년 12월 7일, 그들에 의해 새롭게 개정된 제3공화국 헌법에서는 권력 구조를 내각 책임제에서 대통령 중심제로 바꾸었다. 국회도 양원제에서 다시 단원제로 환원시켰다.[18] 이에 맞추어 '선거법'도 개정되었다. 정당의 추천을 요건으로 함에 따라 선거에 출마하기 위해서는 정당을 벗어날 수 없게 되었다.

제일 먼저 민주공화당이 1963년 2월 26일에 창당되었으며, 쿠데타 이후 정치 활동이 금지되었던 재야 정치인들도 해금되면서 6월 28일에 민정당이, 7월 18일에는 민주당이 재창당되었다. 그 이후에 11월 26일에 '제6대 국회의원 선거'[19]가 실시되었다. 이 선거는 전년에 치러진 제5대 대통

---

18 『부산향토문화백과』, 역사/근현대 분야(집필자 강성훈).

19 1963년 11월 26일 부산 지역에서 실시된 국회의원 선거.

령 선거[20]에서 패배한 야당에게는 설욕의 기회였고, 여당인 민주공화당으로서는 원내에 다수를 확보하여 안정적인 통치 기반을 구축할 수 있을지를 가름하는 중대한 기로였다.

이때 나는 군을 전역하고 민주당 동래구 당원으로 돌아와 활동하고 있었다. 당에서는 내 나이가 차자 다시 출마를 권했다. 하지만 나는 김주익 선생의 출마를 보고 다짐한 신념을 굽히지 않았다. 내가 번번이 출마를 거절하자 그 소리가 여러 사람의 입을 거쳐 아버지의 귀에도 들어갔다.

"당신 아들이 참 훌륭한 청년인데, 어째 그리 출마를 고사하노?"

이런 말을 여러 번 들었으니 부모로서의 마음도 편치 않았을 것이다. 후에 동생이나 친인척을 통해 들으니, 아버님께서 돌아가시기 전에 그때의 소회를 밝히시기도 했다고 한다.

"내가 거지가 되어도 석기를 지원했어야 했는데 그러지

---

20    1963년 10월 15일 직접선거에 의해 제5대 대통령으로 박정희가 당선되었다. 제2공화국 시기의 집권 여당이었던 민주당은 야권 단일화를 위해 후보를 내지 않은 가운데, 다른 7개 정당에서 대통령 후보를 출마시켰다. 선거전은 박정희 민주공화당 후보와 윤보선 민정당 후보의 양강 구도로 전개되었다.(위키백과)

못했다. 짐짓 모른 체 있었는데, 이제 생각하니 후회스럽
다."

그 말을 듣고 나니 출마를 하지 않은 것이 더 다행으로
여겨졌다. 아버님 말대로 내가 선거에 나가 집안이 거지꼴
이라도 되었으면 어쩔 뻔했는가. 그 불효를 다 어찌 갚는단
말인가.

박순천 전 국회의원(앞줄 우측 두 번째)과 함께

푸른 의기 백촌栢村의 시간

## - 동교동계와 상도동계의 탄생

4·19로 출범한 제2공화국의 5대 국회는 박정희가 일으 킨 5·16쿠데타로 아홉 달 만에 해산되고 말았다. 그렇게 시 작된 3년간의 군정이 계엄령을 해제하고 민정으로 돌아가 려 하고 있었다. 당시 민주당의 상황은 상당히 힘들었다. 민 정으로 돌아가면 다시 선거를 치러야 하는데 마땅한 대권 후보가 없었다. 애초에 민주당은 이승만과 대적하던 해공 신익희 선생이 서거하고 나서는 대통령으로 추대할 만큼 큰 지도자가 없었다.

그런 상황에서 원내총무를 하던 김영삼이 야당 쇄신책 으로 40대 기수론을 주장했다. 내각책임제에 대한 미련도 없고 마땅한 지도자가 없으니, 40대가 다음 대통령 후보로 선거에 나가야 된다는 것이었다. 사람이 없기는 했지만 그 때만 해도 상식 밖의 일이었다. 하지만 여기에 김대중도 호 응하였다. 모두 다 정치적 욕망이 있는 사람이었던 것이다. 표면적으로 말은 하지 않았지만 같이 동조했다. 비록 그 욕 망이 바로 실현되지는 않았지만 둘은 그때부터 미래를 위 한 조직을 시작하고 있었다. 그렇게 시작된 것이 동교동계,

상도동계로 이어졌다.

그 후로 박정희는 5대 6대 대통령을 내리 하며 독재정치를 했다. 하지만 그것도 헌법상 재선까지만 가능한 것이어서, 민주당에서는 7대 대통령에 기대치가 높아졌다. 이러한 상황에서 1970년에 야당 '대선 후보 전당대회'가 열렸다. 당시 민주당 대표였던 유진산은 김영삼을 지지했다. 1차투표 결과 김영삼이 1위, 김대중이 2위, 이철승이 3위였다. 하지만 다음 날 결선 투표에서는 김대중이 역전하여 대선 후보가 되었다.

하지만 그것도 잠시였다. 박정희는 3선을 위해 개헌을 단행하고 다시 대통령 선거에 출마했다. 그렇게 치러진 71년 대선에서 김대중은 이렇게 연설했다.

"이번에 정권 교체를 못 하면, 이 나라는 박정희 씨의 영구 집권의 총통 시대가 오는 것입니다."

이에 대한 박정희의 연설은 이랬다.

"이번이 마지막입니다. 다시는 국민들에게 표를 달라고 하지 않겠습니다."

박정희가 또 대통령이 되었다. 그것도 부족했던지 이듬해 10월에 유신을 선포했다. 그리고 김재규의 총에 맞아 죽

푸른 의기 백촌栢村의 시간

김대중 전 대통령의 친필 휘호가 담긴 사진

기까지 7년을 더 집권했다.

## - 김영삼과 40대 기수론

김영삼과 처음 만난 자리는 민주당 창당을 할 때였다. 당시 김영삼은 3대 국회의원 선거에서 거제도에서 자유당 공천을 받고 당선된 입장이었다. 하지만 이를 그만두고 나와 민주당 창당의 대열에 참가했었다. 그래서 4대 국회의원 선거에는 거제에 출마하지 못하고 부산에서 출마했다. 그 즈음 자주 만났다. 창당 일로 만나면 내가 나이가 어려서 선배로 공경했다.

후에 서울에서 민주당의 원내총무를 지낼 정도로 입지를 다졌고, 40대 기수론을 주장하여 민주당 내의 분위기를 쇄신하기도 하였다. 대담하고 추진력이 있었다. 후에 대통령 출마시 3당 합당을 해서 논란이 되었다가, 결국 반대 당 후보로 출마하여 대통령이 되었다. 그때 기자들이 어떻게 그동안의 정치색을 버리고 3당 합당을 할 수 있느냐고 물었다. 그러니 김영삼이 말하기를 "호랑이를 잡으려면 호랑이 굴에 들어가야 한다."라고 했다. 지금에 와서 그 행동이 옳다 그르다 따지는 것은 의미가 없어 보인다. 다만, 김영삼은 그만큼 대담성과 추진력을 가진 사람이었다. 대통령이 된 후, 과거사 처리를 위해 전 대통령들을 법정에 세운 것만 보아도 그렇다. 김영삼이 아니었으면 하기 힘든 일이었을 것이다. 그런 대담함과 추진력이 김대중보다 먼저 대통령이 될 수 있었던 이유일 것이다.

거기에 하나 더 보태자면, 그의 부친 김홍조 씨다. 다시 말하자면, 김영삼이 대통령이 된 것은 부친인 김홍조 씨의 공이 크다. 김영삼의 아버지 김홍조 씨는 대단한 사업가였다. 일제 강점기부터 근해 어업에 뛰어들었다. 당시에 조선 사람 중엔 근해 어업을 대규모로 하는 사람이 없었다. 거제 앞바다에 정치망(定置網)을 설치해서 멸치를 잡고, 대구 산란기에는 대구를 잡아서 팔았다. 거제 앞바다는 예부터 대구의 산란지로 유명했다. 사업은 나날이 번창했지만 전쟁 때 그의 아내가 죽었다. 빨치산에게 피살되었다. 그 후에 김홍조 씨는 재혼을 하지 않았다. 아들 김영삼을 키우며 혼자 살았다. 사업으로 번 돈이 모이면 늘 아들에게 가져다줬다.

한번은 이런 일이 있었다. 부산·경남 도당 연차대회를 마치고 나서 김영삼이 나를 만나자 해서 나갔다. 부산 제일극장 뒤에 제일여관이라는 곳에서 만났다. 그렇게 만나서 정당 이야기를 나누고 있었다. 그런데 갑자기 김홍조 씨가 문

푸른 의기 백촌栢村의 시간

을 열고 들어왔다. 우리는 얘기하다 말고 벌떡 일어났다. 그가 짧게 인사를 하고는 아들 김영삼에게 안부를 물었다.

"니는 서울에는 낼 아침에 가나?"

그러니 김영삼이 대답을 했다.

"예."

"그래, 나는 저녁 배로 거제 가야 된다."

그러더니 일어서서 나갔다. 그렇게 보내고 보니, 올 때는 가방을 가져와서 갈 때는 놔 두고 갔다. 가고 나서 김영삼이 가방을 열어 보니 가방 안이 모두 돈이었다. 멸치 잡고 대구 잡아서 번 돈을 아들 정치 자금을 하라고 가져다준 것이다. 김영삼은 그 돈을 세어 보지도 않고 윗목에 챙겨 두었다. 돈을 주고 받는 형태로 봐서 여러 번 해 본 본새였다. 그렇게 김영삼은 아버지의 지원을 든든하게 받았다. 다행히 김영삼은 그 돈을 받아 적절한 곳에 잘 썼다. 그리고 결국 대통령이 되었다.

## – 김대중, 하나의 길

나는 1966년 통합 야당인 민중당 '중앙정치훈련원'에 입소했다. 약 한 달간 50여 명의 당원들과 합숙을 하며 교육을 받았다. 그때 교육 강사 중에 엄창록이라는 사람이 있었다. 그는 원래 공산주의자였으나 전향한 이력이 있었다. 러시아 유학파였으며 모스크바 공산대학을 나왔다고 했다. '특수조직이론'이라는 강의를 했다. 그 강의가 매우 매력적이라 호감이 갔다. 엄창록도 나를 좋게 보았던지 그 후로 교류하게 되었다. 훈련원을 나오고 난 후로도 가끔 왕래가 있었다. 그러다가 엄창록의 소개로 동교동에 가서 김대중을 만나게 되었다. 후에 알고 보니 김대중이 1961년 5월에 제5대 민의원 인제 보궐 선거에 출마하여 당선[21]될 때 참모 역할을 한 사람이 엄창록이었다. 어쨌든 그렇게 처음 김대중을 만나게 되었다.

당시 민주당의 핵심 인물은 김대중과 김영삼이었다. 김

---

21    김대중은 5대 민의원 선거에 출마해서 낙선하고, 그 이듬해 5월에 강원도 인제 보궐 선거에 출마하여 당선되었다. 하지만 당선된 지 이틀 만에 5·16쿠데타가 일어났다.

영삼은 대담하고 추진력이 있는 사람이었지만 조직적인 사람은 아니었다. 40대 기수론을 주장하고 상도동계를 결성하고부터는 "내가 대통령을 하면, 마 지금 이 모양 이 꼴보다 안 낫겠나."라고 말하곤 했다. 그 말은 '지금 정권이 제대로 못 하는 것을 나는 제대로 할 수 있다'라는 뜻이었는데, 구체적인 대안이라기보다 두루뭉술한 의지에 가까웠다. 매사에 일을 대하는 태도가 이런 식일 때가 많았다.

하지만 김대중은 그렇지 않았다. 정치·경제·사회 모든 면에 걸쳐 자세한 정책과 조직적인 방향을 제시했다. 무엇이든 물으면 완전히 준비된 안을 막힘 없이 이야기했다. 자리가 있어 연설을 하면 그 울림이 마음에 전해졌다.

김대중은 개혁주의 중도 좌파의 수장이라는 위치에서, 대통령이 되기 위해서 노력했다. 언제나 열린 자세로 정책을 토론하고, 지향하는 바도 중도 노선 중에서도 단연 개혁적이며 진보적이었다. 어려서 한학을 배우고 서예에도 조예가 깊었다. 또한 성장하면서 많은 경험을 했다. 사업 경력과 신문사 사설 집필 경력도 있었다. 그 다양한 경험으로 생겨난 모토가 '서생적 문제의식과 상인적 현실감각을 겸비해야 한다'였다.

이 세상에 극우·극좌가 있으면 그 가운데에는 중도가 있다. 그 중도마저 나누면 중도 좌파와 중도 우파가 된다. 정치가들은 이들 중 하나를 자신의 색깔로 취하여 사용하지만, 사실 그 구분이 모호하다. 특히, 우리나라는 이데올로기 대립에 의한 전쟁을 겪은 바 있어 좌·우의 본래적 정치성과 달리 사용될 때가 허다하다.

하지만 굳이 이 말을 빌려 김대중의 정치적 색깔을 말하자면, 중도파 중에도 개혁주의 중도 좌파의 수장이었다고 말할 수 있다. 반공 이데올로기에 함몰되어 함부로 빨갱이라 말하는 사람들의 말은, 일말의 재고의 가치도 없다.

사실 나는 김영삼과 더 오래된 친분이 있었다. 4대 국회의원 선거 때부터 맺은 인연이 길었다. 정치인 김영삼도 존경했지만, 나는 김대중을 선택했다. 이유는 위에서 언급했듯이 자명했다. 김대중이 품고 있는 분명한 청사진과 정책 노선이 대통령으로서 더 적합했기 때문이었다. 그러자 김영삼이 나를 붙잡았다.

"구 동지는 경상도 사람인데, 나와 같이해야 하지 않겠소?"

하지만 그 말에 나는 더 실망했다. 그래서 내가 대답했다.

푸른 의기 백촌栢村의 시간

1966년 5월 13일 민중당 중앙정치훈련원에서

민중당 중앙정치훈련원 동지와 함께

"우리가 정치를 하는 목적이 경상도지사를 뽑는 것은 아니지 않습니까. 거기에 대해서는 말할 것이 없습니다."

그러고는 동교동으로 가서 김대중과 같은 길을 걸었다. 그 이후로도 김영삼이 만남을 청해 독대를 몇 번 더 하였다. 번번이 하는 말은 "구 동지는 상도동으로 오면 쉽게 국회의원 될 낀데, 경상도 사람이 와 동교동에 있노?"였다. 거기에 더 할 말은 없었다. 그저 웃음으로 답하고 나는 하나의 길을 갔다.

푸른 의기 백촌栢村의 시간

## - 제8대 국회의원 선거와 신상우

  제8대 국회의원 선거[22]는 1971년 5월 25일에 치러졌다. 당시는 박정희가 삼선 개헌[23]을 통해 제7대 대통령에 당선되면서 장기 집권에 대한 국민의 염려를 안고 실시되었다. 그때 박정희의 집권과 더불어 사라졌던 민주당은 신민당이라는 이름으로 다시 결집해 있었다. 나는 그 신민당 중앙 정책위원 양산지구당 부위원장의 자리에 있었다.

  그때도 당에서 나에게 출마를 권했지만 고사한 후였다. 그런 차에 신달수라는 사람이 나를 찾아왔다. 신달수는 그 당시 경남버스 사장이자 6대 국회의원을 지낸 사람으로 지역에서는 이름이 꽤나 알려진 사람이었다. 찾아온 요지는

---

22   1971년 5월 25일 부산 지역에서 실시된 국회의원 선거. 『부산향토문화백과』, 역사/근현대 분야, 집필자 강성훈

23   1969년 10월 17일 제정. 3선개헌안의 요지는 대통령의 연임 금지 조항을 삭제하고 3선 연임을 허용하는 것이었다. 이로 인해 박정희는 1971년 4월 제7대 대통령 선거에 민주공화당 후보로 재출마하여 김대중을 떨어뜨리고 당선되었다. 1972년 유신체제 수립으로 10년간 집권을 연장했다.

신상우[24]라는 자기 조카를 출마시키고 싶어서였다.

"구 선생이 이번에 출마할 뜻이 없으면 우리를 좀 도와 주시오. 내 조카가 어려서 혼자되어 내가 키웠소. 그런데 그 아이가 아주 똑똑하게 자랐소."

조카를 생각하는 마음이 애틋했다. 여차저차하니 나더러 조카 신상우의 선거운동을 도와 달라는 것이었다. 하지만 선거라는 것이 사람으로만 되는 것이 아니었다. 그래서 내가 물었다.

"어느 정도의 각오를 하고 계십니까?"

"내 거지가 될 각오로 도울 테니, 내 조카를 꼭 좀 도와주시오."

조카를 위해서 거지가 될 각오를 하고 있다는 말에 마음이 움직였다. 내 조부가 강보에 싸인 종숙을 키우기 위해 애썼던 일도 떠올랐다. 그래서 신상우의 선거운동을 돕게 되었다. 처음부터 끝까지 선거 조직을 관리하고, 시간이 될 때마다 여기저기 돌아다니며 찬조연설을 했다. 선거운동을 하다 보면 별일이 다 있었다. 정부 개 노릇을 하는 사복경찰이 늘상 감시를 하고, 찬조연설을 하면 꼭 훼방을 놓는 사람

---

24    제8,9,10,11,13,14,15 국회의원, 국회부의장(1998) 역임.

이 있었다. 상대 진영에서 보낸 훼방꾼인 것이다. 노골적으로 소리를 지르고 미친 사람처럼 안하무인으로 굴기도 했다. 정도를 넘으면 내가 나서서 잡고 끌고 가 차 안에 넣어서 조용히 시키곤 했다. 자기도 켕기는 바가 있어 뒷일이 생기지는 않았다. 그런가 하면, "당신 연설을 들어 보니 부족함 없이 훌륭하다. 그냥 당신이 출마하는 게 어떻겠나!"라는 말을 듣기도 했다.

그렇게 우여곡절 끝에 선거운동을 해서 신상우를 국회의원에 당선시켰다. 그 이후로 신상우는 여섯 번이나 더 국회의원을 하고 국회부의장까지 했다. 하지만 정치적인 성향이 나와 맞지 않았다. 당선이 되고 나자 군사정권에 대한 태도가 중립적인 모습으로 흘러갔다. 결국 첫 선거 이후로 나와는 점점 소원해졌다.

## – 민주주의와 민족통일을 위한 국민연합

박정희 군사정권이 장기화되면서 정치 활동은 자연스럽게 반독재 투쟁으로 변모되었다. 정당 활동이 제대로 이루어질 수 없는 상황이어서 재야 단체와 함께 힘을 모아 반독재 투쟁에 뛰어들었다. 대표적 재야 인물로, 문익환을 위시한 기독교 목사들, 함석헌을 위시한 천주교 신도들, 법조계 변호사들이 있었다.

모임 자체가 어려웠던 시기여서 변호사 사무소나 교회 등을 이용해서 감시의 눈을 피할 수 있었다. 그렇게 재야 단체들과 연합하여 생겨난 단체들이 부지기수였다. 민주회복국민회의, 민주헌정연구회, 민주화추진협회, 민주화투쟁협원회, 민주주의와 민족통일을 위한 국민연합 등 여러 가지 단체가 병립했다.

동교동에서 김대중과 몇몇 재야 인사들이 단체를 결성해서 발기대회를 가지고는 했다. 때로는 내 의사도 묻지 않고 나를 발기인으로 넣기도 했다. 문익환, 함석헌 사이에 당원인 구석기를 넣어 구색을 맞추는 식이었다. 김대중이 부산·경남에 대한 하부조직을 나를 믿고 맡긴 터여서 종종 그런 일이 있었다.

한번은 이런 일이 있었다. '민통연'(민주주의와 민족통일을 위한 국민연합) 부산경남지부 결성의 창립총회가 서울 종로에서 열리기로 되어 있었다. 나도 그 단체의 발기인으로 속해 있었던 터여서 하루 전에 서울로 상경했다. 상경할 때 반대당 소속이긴 했지만 동향인 김복윤이 자기도 서울에 볼일이 있어 가니, 다음 날 일을 마치고 서울에서 만나자고 약속을 했다. 그리고 서울에 가서 다음 날 종로5가로 나갔다. 하지만 나 외에는 아무도 오지 않았다. 수상한 분위기를 느낀 나는 만나기로 했던 김복윤도 만나지 않고 서둘러 발길을 돌렸다.

후에 안 일이지만 김대중, 문익환 등 중요 인물 모두가 계엄령 군부에 의해 자택연금을 당해서 나오지 못했다고 했다. 나만 하루 일찍 집을 나선 탓에 올 수 있었던 것이다. 그리고 김복윤의 말만 믿고 나를 체포하러 온 경찰들도 허탕을 쳤다.

집에 돌아오니 식구들이 경찰들이 왔다 가고 한바탕 난리가 났었다고 했다.

## – 민주회복국민회의 부산경남지부 창립총회

우리나라의 현대사는 이승만-박정희-전두환으로 그 계보를 잇는 독재정치로 점철되어있다. 정권을 잡기 위해 선거제를 직선제와 간선제로 수시로 바꿨으며, 반공 이데올로기와 계엄령을 적절히 이용했다. 정치 사회단체를 해산시키고, 국민을 위협해서 공포정치로 자신들의 자리를 지키려 전전긍긍하였다. 40여 년이라는 긴 시간 동안 독재자들의 욕망에 온나라가 휘둘려진 것이다.

이러한 사실을 알면서 투쟁하지 않을 수는 없었다. 툭하면 계엄령이 내려지고 정당도 해산되었다. 정당 활동을 제대로 영위할 수는 없었다. 자연스럽게 재야 단체와 힘을 합쳐 싸웠다. 그런 반독재 투쟁을 위한 단체 중에 김대중과 문익환 목사가 군부에 대항하기 위해 처음 만든 단체가 있다. '민주회복국민회의'가 그것이다. 이 단체는 시간이 지나면서 시·군별로 조직이 늘어 갔다. 나는 부산·경남 조직 책임을 맡았다. 아내는 또 중책을 맡아 위험한 일을 한다고 지청구를 했다. 하지만 부산·경남 본부를 만들기 위해 발기할 사람은 나뿐이었다. 사업과 하부 조직, 자금 마련까지 담당하였다. 긴 시간 동안 공을 들여 조직을 짰다.

그러다가 부산경남지부 창립총회를 갖게 되었다. 부산·경남의 민주화 인사 40명을 초청하고 마산에 있는 예식장을 빌려 놓았다. 하지만 창립총회 당일이 되자 예식장 안에는 경찰들이 몰려와서 벽을 치고 입구를 막고 있었다. 도착하니 동지들은 예식장에 들어가지도 못하고 서성이고 있었다. 그렇다고 창립총회를 하지 않을 수는 없었다. 할 수 없이 길가에 서서 동지들을 모았다. 내가 의장으로서 개회를 선언하고 의사 진행을 했다. 창립총회의 간부와 기타 사항을 의결하고 폐회를 선언했다. 경찰들이 근처에 우글거리는 판에 오래 끌 수는 없었다. 총회를 열고는 십여 분 만에 끝내고 해산했다. 그렇게 '민주회복국민회의' 부산경남지부가 탄생했다. 이 일화는 우리 투쟁사 중에 유명한 일화로 종종 회자되고는 했다.

## – 짧은 봄과 긴 어둠: 5·18과 구석기 간첩 시나리오

10·26[25]으로 박정희가 죽고 서울은 짧은 봄[26]을 맞았다. 하지만 전두환을 위시한 신군부는 또다시 계엄령을 선포하며 광주에서 만행을 저지르며 정권을 잡았다. 신군부는 정치하는 사람들은 여야를 막론하고 모조리 구속시켰다. 김영삼, 김대중, 김종필까지 잡아넣었다. 김대중은 내란 주범으로 지목되어 사형을 언도받았다. 군부의 목적은 정치하는 사람들에게 구심점을 없애서 혼란을 야기하는 것이었다. 그 혼란을 틈타 정권을 차지하려 한 것이다.

하지만 국민들은 가만있지 않았다. 여기저기에서 시위

---

25  1979년 10월 26일 서울특별시 궁정동 중앙정보부 안전가옥에서 김재규 중앙정보부장이 박정희 대통령과 차지철 대통령 경호실장 등을 암살한 사건.

26  대한민국에서 수많은 민주화 운동이 벌어졌던 1979년 10월 26일~1980년 5월 17일 사이를 일컫는 말이다. 이는 1968년 체코슬로바키아의 '프라하의 봄'에 비유한 것이다. 서울의 봄은 전두환 신군부가 투입한 계엄군에 의해 5·18 광주민주화운동이 229명의 사망자·실종자와 3천여 명의 부상자를 남긴 채 무력 진압되면서 종결됐다.(위기백과)

가 일어났다. 그 와중에 동대문 시위에서 시위를 막던 경찰 한 명이 사망하는 사건이 벌어졌다. 군부는 그 일을 핑계로 전국으로 계엄령을 확산했다. 이에 반대하는 시위가 광주에서 일어났다. 전두환은 언론을 통제하고 광주를 제물로 삼았다. 반공 이데올로기를 내세워 북한발 내란의 평정이라는 말로 학살을 저질렀다. 짧은 봄은 가고 다시 어둠의 세월이 시작되었다. 나도 그 어둠을 무사히 피하지는 못했다.

광주에서 광풍을 몰아온 군부는 여름이 오자, 5·18을 간첩과 연계시키는 공작을 시작했다. 그동안 눈엣가시로 있던 정치인이나 사회운동가들을 처리하기에 더없이 좋은 기회였던 것이다. 나도 피해 갈 수 없었다. 진작부터 계엄령이 떨어질 때마다 의례적으로 체포되었다가 문초를 당하고 다시 나오곤 했다. 사복 형사의 미행을 받거나 지서에서 나온 순경이 집 근처를 하루 종일 지키고 있는 날도 많았다. 자주 있다 보니 별다른 감흥도 없어질 지경이었다. 하지만 그날은 달랐다.

7월의 어느 더운 밤이었다. 잠을 자고 있는데 12시쯤 경찰이 들이닥쳤다. 정신을 차릴 틈도 없이 나를 끌고 가서 지프차에 태웠다. 차에 타면서 보니 경찰 한 명은 평상시 늘상 나를 감시하던 작자였다. 그런데 내가 차 뒷좌석에 타고 그 경찰이 옆에 타려 할 때, 아내가 그 경찰을 떠밀고 내 옆에 탔다. 당황한 경찰이 말했다.

"사모님은 왜 이랍니까. 어서 내리소."

자기들도 켕기는 게 있었던지, 다행히 아내에게 함부로 하지는 않았다. 하지만 아내는 막무가내였다.

"아이고, 내가 따라가야 된다. 가야 어데로 가는지 알지요."

형사는 아내를 끌어내리려다가 이내 포기하고 같이 출발을 했다. 차는 양산경찰서에 서 멈췄다. 거기서는 아내가 있어서인지 건드리지 않았다. 그대로 밤을 새고 아침이 되니 형사들이 식사하러 가자고 했다. 인근 식당에서 밥을 먹고 나자 다른 차가 와 있었다. 형사들은 아내를 차에 못 타도록 붙잡았다. 나는 그대로 차를 타고 어딘지도 모를 곳으로 향했다. 후에 알게 되었지만, 답답한 아내가 시경에 있던 조카를 통해 수소문해 보니, 창원에 있는 보안대에 있었다고 했다.

도착하니 학교 강당 같은 곳을 분할해서 독방을 여러 개 만들어 놓은 지하 벙커였다. 여름인데도 서늘한 기운이 들었다. 나는 그 방 중 하나에 갇혔다. 서늘한 방에 갇혀 있자니 한기가 들었다. 잡혀갈 때 모시 적삼을 하나 입고 갔을 뿐이어서 감기가 들었다. 금방 열이 나고 땀이 많이 났다. 하지만 편히 쉬고 있을 수도 없었다. 뭔가 끌리는 소리가 나서 쪽창으로 문 밖을 내다보니, 험악한 인상을 한 남자가 몽둥이를 바닥에 질질 끌며 복도를 걸어 다니고 있었다. 걸어 다니다가 새로 들어온 사람이 있으면 말했다.

"여기 하나 새로 잡아 놨네."

그러고는 그 방에 들어가서 사람을 두드려 팼다. 아무것도 묻지 않았다. 맞는 사람이 비명도 못 지를 정도로 떡이 되면 다시 복도로 나와 몽둥이를 끌고 다녔다. 그러고는 또 누군가를 두드려 패고 복도로 나왔다. 나와 같이 들어온 사람이 여럿 있는 모양이었다. 처음 들어오면 기를 완전히 꺾어 놓으려는 수작이 틀림없었다. 마침내 그 몽둥이가 내 방문을 열고 들어왔다. 밑져야 본전이다 생각이 들어 수를 써 보았다. 마침 감기로 온몸이 땀으로 범벅이 되어 모시 적삼이 흠뻑 젖어 있었다.

"나는 심장에 지병이 있다. 지금 내가 죽게 생겼다. 몽디 그거 놔 놓고 나를 병원에 좀 데려가라."

그러니 땀에 흠뻑 젖은 나를 이리저리 훑어보더니 "여기는 병원 없습니다." 이러고는 그냥 나가 버렸다. 아마 때리면 죽겠다 싶었던 모양이다. 어쨌든 덕분에 나는 떡이 되도록 맞는 것은 면했다. 그러고는 일주일을 아무것도 하지 않고 내버려 두었다. 일주일 째 밤이 되자 수갑을 채워 취조실로 데려갔다. 그때부터 나를 간첩으로 만드는 시나리오가 만들어졌다. 그 시나리오는 이랬다.

　'구석기는 일광에서 배를 타고 동해를 통해 이북으로 갔다. 이북에 가서 김일성을 만나고, 서로 의기투합해서 노동당에 가입했다. 그리고 공작금을 받아서 배를 타고 다시 내려왔다. 내려와서 김대중을 먼저 만나서 국가 변란(5·18)을 모의하였다. 변란에 성공하면 김대중은 대통령을 하고, 구석기는 경상남도지사를 하기로 사전에 결탁하였다. 그리고 북에서 가져온 공작금을 들고 전라도 광주에 가서, 청년·학생을 조직화 하여 광주사태를 일으켰다.'

　시나리오를 들은 나는 생각했다. '내가 지금까지 여러 번 잡혀 왔다가 다시 집으로 돌아가곤 했지만, 이번에는 죽겠구나.' 이리저리 다시 생각해 보아도 그 상황은 살아날 길이 보이지 않았다. 그래서 각오를 다졌다.

'비록 이렇게 죽더라도 비겁하게 죽지는 말자. 내 나이 마흔다섯 살, 굽어보니 마흔다섯에 죽기가 좀 젊지만, 뭐 여한이 있겠는가.' 아직 어린 막내아들이 마음에 걸리기는 했다. '아버지가 간첩으로 잡혀가서 죽었다는 소리를 들으면 철이 들어 알 때까지는 기가 죽을 것이다. 하지만 훗날 커서 애비가 어떻게 갔는지 알게 되겠지.'

그렇게 마음을 정리했다. 그러고는 끝까지 버텼다. 며칠이 지나도록 그들이 원하는 대로 조서를 꾸며 주지 않고 도장도 찍지 않았다. 그러자 그놈들이 화가 나서 말했다.

"야 이 새끼야. 테레비가 바보상자야. 새로 생기가지고(상용화되어서). 김대중이 김영삼이 김종필이 다 잡아넣었는데, 니 같은 놈은 총살시키 뿌고, 테레비에 이대로(간첩으로) 내삐모, 낼(내일) 내삐모, 사람들이 '아, 그렇구나!' 하지. 아이다 할 놈 있겠나. 테레비에 나오면 사람들이 다 진짜로 알아 삐린다 이기야."

그런 협박을 계속 듣다 보니, 정말 그렇겠구나 싶었다. 친구들도 텔레비전에 그런 뉴스가 나오면 '늘 같이 있었는데 글마(구석기)가 언제 이북에 갔다 왔지? 밀항을 했나?' 하고 생각할 것 같았다.

푸른 의기 백촌栢村의 시간

그렇게 계속 당하는 사이 같이 잡혀 온 사람이 일고여덟 명이 된다는 것을 알게 되었다. 그 중에 김대중의 비서실에 있던 마산의 김종준과 나는 군법회의에 회부한다고 했다. 그 소식을 듣자 살 수도 있겠다는 생각이 들었다. '군법회의라도, 재판을 받게 된다면 어떻게 쉽게 죽이겠는가.' 그렇게 재판을 기다리고 있었다. 하지만 윗선에서 입장이 바뀌었던지 조사를 몇 번 더 하다가 군법회의도 하지 않았다. 그렇게 40일가량을 거기에 갇혀 있었다. 그러더니 자기들이 생각하기에도 시나리오가 부족해 보였던지 흐지부지 양산경찰서로 돌려보냈다.

양산경찰서로 와서도 바로 집으로 돌려보내지 않았다. 나는 그동안의 고초에 볼품이 없었다. 너무 마르고 입고 갔던 모시 적삼은 다 해져서 부스러지고 있었다. 이대로 집에 돌려보내면 뒤탈이 있겠다 싶었던지 경찰서에서 여관 특실을 잡아 주었다. 그리고 군수와 경찰 서장이 교대로 드나들며 불고기 사고 밥을 먹여 나를 살찌웠다. 그렇게 일주일쯤 지나자 집으로 돌려보내 주었다. 집에 돌아오고도 재판은 받지 않았다. 8년 동안 정치활동 금지라는 임의 처분만 받았다.

부산을 방문한 김대중을 환영하며
구름처럼 모여든 인파

　　　　　　　　　　　푸른 의기 백촌栢村의 시간

그리고 세월이 흘러 군부정권이 끝나고 김영삼이 대통령이 되었다. 그때 광주민주화법이 통과되었다. 그러자 5·18 유공자를 가리기 위해 조사위원들이 조사를 하다 보니 내 이름이 나왔다. 광주민주화운동과 관련해서 억울하게 간첩죄로 구속된 이력이 밝혀진 것이다. 덕분에 나는 광주에 가 보지도 못했는데 5·18 유공자가 되었다. 참으로 우습고도 슬픈 일이다.

지금도 전두환이 텔레비전에 나오면 치를 떠는 사람들이 많다. 만약 곁을 지나간다면 패 죽여야겠다고 생각한 적도 있었다. 어디 나 같은 울화를 지닌 사람이 대한민국에 하나둘이겠는가. 무고하게 죽어 간 많은 목숨들에게 사과 한마디 하지 않는 저 죄를, 다 어찌할 것인가.

## - 노무현과 한화갑

16대 대통령 선거를 앞둔 시점이었다. 동교동에서는 대
선 후보로 한화갑[27]을 추대하는 분위기였다. 한화갑은 나보
다 젊었지만 상호 존대하고 선생이라 칭했다. 하지만 김대
중의 의사는 달랐다. 자기가 호남 지역 출신 대통령인데, 또
후보를 전라도에서 내면 호남당이라는 소리를 듣는다는
우려였다. 그래서 노무현이 후보군으로 올라오게 되었다.
당시 노무현은 당내에서 그런 입지를 가지지 못하고 있었
다. 재야 변호사 단체들과 교류하며 좀 더 급진적 개혁의 노
선을 추구했다. 하지만 김대중은 노무현에게 힘을 실어 주
었다. 그리고 여러 우여곡절 끝에 노무현은 새천년민주당
대통령 후보로 16대 대통령에 당선되었다.

하지만 노무현은 당선 후에 자기의 대통령 당선은 민주
당의 힘으로 된 것이 아니라고 했다. 민주당은 호남당이라
는 지역색을 깨야 한다고도 했다. 결국 민주당 신당파는 열
린우리당을 창당해서 당이 갈리었다.

---

27  韓和甲(1939.2.1~). 대한민국의 정치인. 제14·15·16·17대 국
회의원.

이 지경이 되니 동교동 측 입장에서는 섭섭할 수밖에 없었다. 기껏 당에서 공천을 해서 대통령 당선을 시켰는데 당의 힘이 아니라고 하니 난리가 날 수 밖에 없었다. 노무현이 민주당의 색채보다 더 개혁적이라는 건 익히 알고 있는 바였다. 하지만 그런 극단적인 선택(당을 깨고 열린우리당을 창당한 것)은 지금 생각해 보아도 어리석은 짓이었다. 노력했으면 충분히 타협점을 찾을 수 있었을 것이고, 그러면 탄핵이라는 이야기도 나오지 않았을 것이다. 하지만 다 지나간 일인데 어떻게 하겠는가.

다만, 그 소용돌이 속에서 한화갑 같은 인물이 묻히고 만 것이 아쉬움으로 남았다.

평화민주당 창당대회 (1987년 11월)

민주당 양산군 지구당 선거대책위원장 임명장(좌측)
16대 대선에 기여하여 받은 감사장(우측)

푸른 의기 백촌栢村의 시간

## - 기장군수 출마

나이가 환갑이 넘어가고, 나는 정치 일선에서 물러나서 자잘한 향토사업을 도우며 집에 머물러 있었다. 그런데 벗인 조명기와 칠암의 김진옥이 찾아와 바람을 넣었다. 때는 부산광역시에 편입되면서 기장군이 복권된 시기였다.

조명기 왈, "너는 정당 정치를 그렇게 오래 했는데 국회의원이나 군수는 안 하나? 지금 기장군이 복군되었는데, 복군을 위해 힘쓴 니가 군수가 되어 고을을 위해서 봉사를 한번 하는 게 좋지 않겠나?"

김진옥도 거들었다.

"초대 군수가 되어서 군수가 이런 것이다. 한번 보여 줘야 한다."

본래 나는 어떤 지위나 자리를 목표로 정치를 하지 않았다. 다만 나랏일이 다급하고 어렵다 보니 외면하지 못하고 힘을 보태서 극복하자는 마음에서 시작한 일을 평생을 쫓아 다니게 된 것이다. 나는 그 뜻을 전하고 출마는 하지 않는다며 고사하였다. 하지만 계속 찾아와 출마를 권하였다. 그게 싫어 아내와 같이 동해로 도망 삼아 여행을 다녀오기

1995년 6월, 기장군수 선거 합동연설회

푸른 의기 백촌柏村의 시간

도 했다. 그래도 찾아와 계속 권하였다.

"기장이 군으로 존립된 것은 자네 공이 크다. 그동안 자네가 해 왔던 중앙정치는 초연하게 생각하는 게 옳다. 이번 선거는 지방 특성에 맞는 지방자치제의 시작이다. 중앙정부의 간섭 없이 이루어지는 지방자치. 그걸 자네가 꼭 해야 하지 않겠나. 자네를 고을에서 필요로 하는데, 개인적인 소신으로 이렇게 계속 거부해서 되겠는가?"

더 이상 거부하기가 힘들었다. 결국, 출마하기로 마음을 먹었다. 하지만 마음을 먹고 나자 선거가 정당 공천제로 바뀌었다. 그 전까지만 해도 조명기와 김진옥도 군수는 당이 중요한 게 아니고 인물이 중요다고 생각했다. 그래서 나를 설득한 것이었다. 하지만 공천제로 바뀌자 한나라당에서는 김현철(김영삼 전 대통령 아들)을 찾아가서 당내의 젊은 후보 공천을 받아 왔다.

순식간에 나를 추천한 조명기와 김진옥의 입장이 곤란하게 되었다. 그들도 모두 한나라당 간부였기 때문이다. 지금도 여전하지만 부산·경남 쪽의 당색은 9할이 그쪽이었다. 나를 설득해 출마시켜 놓고 자기 당에서 공천한 사람이 따로 있으니 이 사람들의 입장은 진퇴유곡(進退幽谷)이었다. 그리고 분위기도 급변하고 있었다. 졸지에 내가 그들에게 적대적인 인물이 된 것이다. 그 꼴을 보고 있자니 못 할 짓이었다. 그런 경쟁은 하고 싶지도 않았다. 그래서 내가 먼저 그들을 한나라당으로 돌려보냈다. 선거를 포기할 테니 자기 당으로 돌아가서 활동하라고 했다. 그렇게 싱겁게 처음이자 마지막 출마는 끝나고 말았다. 지나고 나서 생각하면 초심을 잃지 않았어야 했다.

푸른 의기 백촌栢村의 시간

# 백촌栢村과 기장군의 시간

## – 동래군 환원 추진위원회

기장군의 역사는 유구하다. 청강리 고분군 70여 기, 장안 좌천리 고분군 100기, 철마 고촌리 고분군 100기 등이 존재해 선사시대부터의 오랜 거주 역사를 알 수 있다. 757년 갑화양곡현이 기장현으로 개명된 후 동래군의 속현이었다가, 1895년(고종 32)에 동래부(東萊府) 기장군이 되었다.

하지만 1914년 일제 강점 하에서 부산부과 동래부로 분할될 때, 동래군으로 귀속되며 기장군 지명은 없어지고, 기장면·장안면·일광면·정관면·철마면의 5개 면으로 개편되었다. 군의 이름이 면의 이름으로 강등된 것이다. 이것도 모자라 1973년 동래군이 폐군되면서 동래군은 양산군에 통합되었다.

동래군이 양산에 병합되었다는 발표가 난 그 이튿날, 기장의 대표 어른들이 모여 '동래군 환원 추진위원회'를 만들었다. 기억나는 이름은 최주복, 박맹포, 김일천, 일광에 박득룡, 좌천에 최해용, 손해종. 그리고 나 구석기가 포함되었다. 모인 사람들 나이가 모두 내 아버지뻘이었다. 유독 나만 젊은 나이어서 허드렛일을 도맡을 수밖에 없었다.

백촌栢村과 기장군의 시간

먼저 기장에 속한 동리를 일일이 돌아다니며 주민들의 진정서를 받았다. 그 진정서를 받고 나자 추진위에서는 그 진정서를 곽상훈[28]을 만나서 직접 전하자고 의견을 모았다. 곽상훈이 박정희의 고문 역할을 하는 사람이니 뜻이 간접적으로나마 전해질 것이라 여겼던 것이다. 하지만 그 생각은 가당치 않은 것이었다. 나는 반대했다.

　"곽상훈은 만나도 별반 소득이 없을 테니, 직접 정부의 담당자를 만나서 대화하고 설득을 해서 우리 주장을 관철하는 게 좋지 않겠습니까. 그렇게 해서 만약에 우리가 설득을 당하면 그대로 받아들이는게 옳다고 생각합니다. 양자택일을 하고 건곤일척(乾坤一擲)의 전쟁을 벌여야지 곽상훈에게 전해 준다고 무슨 효과가 있겠습니까."

　그러니 엉뚱한 소리를 했다.

　"너는 야당 활동하는 사람이라 군사정권에 반대하는 사람으로 표적이 되어 있으니, 너는 서울에 가지 마라. 우리가 갔다 오마."

---

28　부산 동래 출신. 1948년 제헌의원부터 2대~5대 민의원에 당선되었다. 국회 전원위원장, 민주당 최고위원, 민의원의장 등을 지냈다.

말문이 막혔다. 그래서 그냥 그러라고 했다. 어른들이 곽 상훈한테 다녀오고 시간이 지나도 아무 소식이 없었다. 그렇게 1년이 지나고 별 도리가 없던 차에, 경향신문과 부산일보 측에서 취재 요청이 왔다. 동래군 양산 병합 일 년 만에 '그 후 일 년'이라는 제목으로 르포를 쓰려고 기획한 바가 있다고 했다. 그래서 다시 어른들의 의중을 물었다. 그러니 어른들 중 박맹포 씨가 모인 사람들에게 말했다.

"저번에 석기 말이 맞는데 우리 주장대로 해서 이룬 바가 없지 않습니까. 이번에는 우리 추진회를 대표해서 석기가 기자들과 직접 대화하고 우리는 배석만 하는 것으로 합시다."

그래서 기자들을 불러서 인터뷰를 하게 되었다. 하지만 그 당시는 계엄령이 내려진 상태였다. 그래서 내가 물었다.

"지금 상황이 이런데, 언론이 어떻게 통제를 받는지 잘 아는데, 우리가 당신들과 대화를 하면 뭘 합니까. 말한 대로 기사를 써 주실 겁니까?"

그러니 철썩같이 그대로 써 준다고 약속을 했다. 그래서 그때부터 내가 기장군의 역사와 동래군에서 양산군으로 넘어간 사정을 다 이야기하고, 어떤 합당하지 않은 일이 벌어지고 있는지를 장시간 이야기했다.

"동래군이 합병하기 전까지 양산은 7개면 구성되어 있었다. 하지만 동래군보다 인구도 적고, 경상남도 26개 시군에서 제일 열악한 곳이었다. 인구도 2만을 겨우 넘긴 정도였다. 양산 군청 소재지도 읍이 아니라 양산면이라 부를 지경이다. 이런 상황에 동래군을 양산군에 병합시킨다는 것은 이치에 맞지 않는다. 기장이 양산군에 합병되자 더 가관인 일들이 벌어졌다. 양산군은 옛 동래군의 자산을 팔아먹기 시작했다. 군수와 의회 의장이 결탁하여 공유수면(公有水面)이나 도시계획에 따른 수로를 군 소유로 하여 팔아 치우는 짓을 벌였다. 심지어 동래군청(옛날 동헌)과 일광 바닷가의 삼성대 같은 역사적 가치가 있는 땅까지 팔아 치웠다. 내가 찾아가서 계속 따져도 별수가 없었다."

이런 이야기들을 장시간에 걸쳐 기자들에게 설명했다. 하지만 신문에는 단 한 줄도 보도되지 않았다.

## – 다시, 기장군으로: 기장군 복군운동

동래군으로의 환원운동은 지속적으로 펼쳐 왔지만 그
다지 성과가 없었다. 동래는 이미 부산의 일개 구로 규모가
축소되었고, 복군을 한다는 것은 더 이상 의미가 없어 보였
다. 그러던 차에 1995년 김영삼 정부 때 행정구역 개편이
있었다. 당시 부산시장이었던 김기재 시장은 철마와 기장,
일광을 부산 지역으로 확정하려고 협조 요청을 했다.

철마의 정석대, 기장의 성동춘에게도 면민 동의를 받아
달라는 요청을 하였다. 하지만 나는 하지 않았다. 그 이유는
이랬다.

기장은 신라 때부터 1400년을 한 고을로 존재해 온 곳이
다. 고을은 도시의 인구 단위로 행정 구역을 구획하는 것과
는 다르다. 군이고 고을이라는 것은 하나로 뭉쳐진 세계이
다. 그 자체로 인격과 역사를 가지는 것이다. 그런데 그것을
쪼갠다는 것은 말이 되지 않는 것이다.

나는 철마의 정석대, 기장의 공태도, 일광의 김복윤, 장
안의 조명기 등을 모아서 위의 사정을 설명하고 '동래군발
전협의회'를 결성했다. 내가 전체협의회 회장을 맡았다. 나

는 협의회 회장 자격으로 김기재 시장을 만났다. 만나서 쪼개고 남은 장안과 정관은 어떻게 되는지를 물어보았다. 김기재 시장 대답이 울산으로 간다고 했다. 그렇게 되면 기장이 영원히 깨지는데, 그러면 우리는 동의하지 못하겠다고 했다. 그러면서 대안을 제시했다.

"우리가 부산시로 가도 좋고 다른 곳으로 가도 좋지만, 우리 5개면은 같이 가야겠습니다."

결국은 내가 이겼다. 여러 번 회담을 거친 후 김기재 시장은 5개면 모두를 부산으로 수용키로 협의했다. 하지만 문제는 여기서 끝나지 않았다. 부산시는 정관과 철마는 금정구에, 장안과 기장·일광은 해운대구에 편입시키려 했다. 기껏 5개면 모두를 부산시에 편입시켰는데 다시 쪼개는 것은 말이 안 되는 것이었다. 우리는 기장 5개면 자체가 하나의 구로 존재해야 한다고 주장했다. 하지만 부산시가 아직 직할시여서 시예산이 부족했다. 그래서 다시 지지부진하고 있던 터에 엉뚱한 일이 벌어졌다.

어쨌든 기장의 부산 편입이 확정되니 '동래군발전협의회' 회원들이 모두 다 흩어져 버렸다. 동래로 해운대로 학군좋은 곳으로 편입되고자 하는 것이었다. 기가 찼다. 사정이 이리 되니 기장에 남아 협력할 사람이 없었다. 할 수 없어 혼자 방법을 생각하다가 동향인 최형우 내무부장관과 전화로 면담 요청을 했다. 다행히 추석에 귀향 일정이 있어 만나기로 약속을 잡았다.

만나는 날 조명기와 김복윤을 데려가려 하다가 조명기가 부재중이라 공태도와 김복윤을 데려갔다. 인사를 하고 이런저런 사정을 설명했다. 하지만 돌아오는 최형우의 답은 인구가 모자란다는 것이었다. 하나의 구로 성립되려면 인구 수가 충족되어야 한다는 말이었다. 당장 없는 인구를 늘릴 수는 없는 노릇이었다. 그렇다고 손놓고 있을 수는 없었다. 나는 최선을 다해서 필요를 설명했다.

"인구가 모자라는 이유는 그린벨트 때문입니다. 기장은 서면을 중심으로 한 부산 지역 그린벨트와 원자력 1호기 권역에 걸려 아무것도 개발을 할 수 없는 상황입니다. 하지만 장관님도 알다시피 기장이라는 곳은 배산임수로 참 살기 좋은 지역입니다. 그린벨트만 해제된다면 인구도 금방 늘어 30만은 족히 넘어 살기 좋은 도시가 될 수 있을 겁니다. 그런 걸 감안해서 도와주시면 감사하겠습니다."

최형우는 허허 웃음을 지었다. 그 후로도 한참 실랑이를

백촌栢村과 기장군의 시간

한 후 최형우가 말했다.

"좋소. 그럼 이름은 기장군이라 해도 되겠소?"

"예 좋습니다. 기장군이라는 명칭은 1914년에 동래군에 병합되어 기장군이 사라질 때, 아쉬운 마음에 읍내면 남면을 합쳐서 기장면이라고 이름을 붙여 쓴 것입니다. 그 이후 출생한 사람은 기장이라는 이름이 기장면 이름인 줄 알지만, 원래는 원래 우리 고을 이름이었습니다."

"그래. 그렇다면 그렇게 합시다".

이렇게 결정되고 나니 읍면에서 말이 많았다. 부산시에 편입이 되었는데 왜 군이 되냐는 것이었다. 그래서 내가 일일이 설명을 했다. '시와 양자 협력해서 이리 정하게 되었다. 광역시에는 군도 존재한다.'

어쨌든 이러한 우여곡절을 거쳐 기장군은 흩어지지 않고 하나의 고을로 남을 수 있었다. 기장군 복군에 기여한 나의 공로를 기리기 위해 공적비를 세워야 한다고 함께 일한 사람들이 주장했다. 하지만 거절했다. 내가 기장군 복권을 위해 한 노력은 기장 사람으로서 마땅한 일이다. 오히려 기장 사람도 아닌데 우리를 도와준 사람이 참으로 고마운 사람들이다. 그 중에 으뜸은 김기재 시장과 최형우 내무부장

2009년 5월 기장군민대상 수상

백촌栢村과 기장군의 시간

## 구 석 기
### 군민대상 선행부문

구석기(73세·일광면 동백리 127)씨는 지역문화에 대한 해박한 지식과 정열로 기장군 복군과 부산시 편입에 지대한 업적을 남겼다.

또한 지역문화의 수호자로서 지역의 발전과 정신문화 창달을 위해 1997년 기장문화원설립준비위원장으로 문화원 설립에 기여하고 2005년 고산윤선도 시비건립위원장직을 맡아 고산선생이 유배생활 중 지은 시의 배경인 일광면 삼성대에 고산선생 시비를 건립했다.

후손들에게 선열들의 얼과 역사에 대한 의식을 고취하기 위해 일광면지 등을 편찬하고 사회정의와 윤리의식 함양을 위해 성균관 강사로서 기장향교에서 청소년 하계인성교육을 21년째 해오고 있으며 일광서당 훈장으로 한문강좌를 개설해 15년간 주민 교양 함양 등 지속적인 선행으로 군민의 커다란 귀감이 되고 있다.

기장군민대상 수상 관련 신문기사

관이다. 기회가 된다면 초청해서 같이 술 한잔 들며 감사를
전하고 싶다. 이 지면을 빌려 다시 한 번 감사를 표한다.

백촌栢村과 기장군의 시간

## - 전화추진위원회

60년대 초였다. 그때는 작은 동리까지는 전기도 전화도 들어오지 않았다. 그래서 다섯 동네가 힘을 합쳐 '전화추진위원회'를 만들었다. 내가 책임자를 맡고 신평에 김상수, 칠암에 김상철, 문중에 박일웅, 문동에 장자줄이 도왔다. 그 당시는 전화국이 따로 있지 않았다. 일광의 사설 우체국에 전화 시설과 교환원이 있었다. 그래서 다섯 동네에 전화선로를 놓아 줄 수 있냐고 우체국에 문의를 했다. 사설 우체국이라 자기들도 수지타산을 따져서 전화교환기를 기부해 주면 해 주겠노라 약속을 했다. 그래서 돈을 모아서 교환기를 사서 기부했다. 하지만 문제가 생겼다.

당시에 나는 김대중이 만든 재야 단체인 '민주회복국민회의' 활동도 겸하고 있었다. 덕분에 언제나 경찰의 감시 대상이었다. 그 와중에 향토사업으로 전화추진위원을 모으는 나를 보고 기장 경찰서장이 지나가듯이 물었다.

"민주 회복 그것도 하면서 이것도 합니까?"

나는 고개를 끄덕이고 여사로 넘겼다. 하지만 그 물음에 저의가 있다는 것을 곧 알게 되었다.

전화교환기를 기부한 후에 뜬금없이 전화추진위원회로 있던 우리 다섯은 경찰서에 잡혀갔다. 이유를 물으니 배임 행위라고 했다. 전화교환기를 안 사줘도 되는데 왜 사줘서 제3자의 이익을 제공했냐, 우체국장과 모종의 모의가 있었던 것 아니냐는 것이었다. 어이가 없었다. 하지만 조사를 할수록 경찰의 입장이 난처해졌다. 우리는 우체국에서 기부를 요구해서 돈을 모아 사 준 것이어서 죄라고 할 수 없었다. 곧 우체국장도 끌려왔다. 우체국장도 황당하기는 매한가지였다. 경찰이 우체국장에게 저의를 묻자 우체국장은 한숨을 쉬며 대답했다.

"기부는 불법이 아닙니다. 전기통신법 88조에 의거해 기부를 받았습니다."

경찰들은 꿀 먹은 벙어리가 되었다. 경찰서장을 비롯해서 경찰들 모두가 전기통신법도 모르고 무조건 잡아들여서 다른 사건과 엮어 보려 한 것이다. 물론 언제나 감시 대상이었던 내 탓이 컸다. 어쨌든 그 일은 경찰이 바보가 되는 해프닝으로 끝났다. 그 이후로도 나에게는 그런 일들이 종종 일어났다.

백촌栢村과 기장군의 시간

## – 기장 향교: 부식강상 재차행(扶植綱常 在此行)

원래 향교는 지방의 학교로서 국가에서 관리하였으며, 재관(齋官) 또는 재장(齋長)을 두어서 향교의 관리와 유생의 교육 업무를 담당하게 하였으나, 교육제도의 변경으로 교육기관으로서의 업무가 없어지고 다만 문묘를 수호하기 위하여 직원을 두고 그 관리에만 국한하여 운영돼 왔었다. 그러나 광복과 더불어 전국유림대회(全國儒林大會)의 결의로 새로 성균관의 직제가 변경됨에 따라 지방향교 직원의 명칭을 전교(典校)로 개칭하였으며, 향교의 재산 관리까지도 지방관청에서 인수하게 하였다. 옛날에는 기혼 남성만 출입이 가능했다. 하지만 지금은 유림 교육과 함께 남녀노소에게 인성교육을 제공하는 전인교육의 장소로 사용되고 있다.

나는 기장 향교에서 30여 년간 교육 활동을 해 왔다. 어릴 때 조부께 배운 한학과 유학을 많은 사람들에게 나누고 싶은 마음에서 시작한 일이다. 하지만 타고난 성정이 그래서인지, 향교에 나간 지 얼마 되지 않아 잘못된 것들이 보이기 시작했다. 향교의 가장 큰 본래의 목적은 교육이다. 하지

부산 기장읍 교리에 있는 조선시대의 향교 '기장향교'

백촌栢村과 기장군의 시간

만 기장 향교는 그 역할을 제대로 하고 있지 못했다. 향교를 대표하는 전교는 공·맹자에게 제사를 지내는 것이 향교의 존재 이유인 줄 아는 것 같았다. 차례를 지내고 분향하는게 자기 일이라고 생각했다. 공부는 생각도 못 하고 있었다.

그렇게 향교가 제 구실을 못 하고 있으니, 향교를 출입하는 사람으로서 도저히 그냥 보고 넘길 수가 없었다. 교육을 하려니 강의실도 제대로 갖추지를 못했다. 그렇다고 강의실을 지으려니 돈도 없었다. 여러모로 난제였다. 그래서 기장 군수를 찾아갔다. 독대를 한 자리에서 부산 시장과 같이 만날 기회를 마련해 달라고 청했다. 그러니 뭐 때문에 그러냐고 물었다. 그래서 '우리 기장 향교에 강의실을 하나 지어야겠는데, 자금이 5억 정도는 필요하다. 부산 시장을 만나서 상의한 다음 시비 3억과 군비 2억 정도를 마련해서 이 일을 도모해 보고자 한다.'고 말했다. 그러니 대뜸 군수가 대답했다.

"5억 정도면 시에 부탁 말고 저희 군에서 부담하겠습니다."

그래서 내가 당시 전교를 찾아가서 5억을 마련해 놨으니, 강의실을 지으라고 말했다. 하지만 전교는 임기를 마치도록 시작도 하지 못하고 있었다. 보다 못한 내가 나섰다. 전임 전교가 퇴임하고 내가 신임 전교를 하마고 나섰다. 더러 경쟁자도 있었지만 강의실을 지으려면 내가 해야 한다고 밀어붙였다. 그렇게 전교를 맡게 되어 이취임식에서 취임사를 했다.

"향교는 학교입니다. 제사를 지내는 곳이 아니라 그 본연의 역할은 학교인 것입니다. 중국 남송의 사방득(謝枋得)이 말하기를 '오늘날 열녀 효자가 생기는 것은, 우연히 생기는 것이 아니라 옛 어른들의 부식강상(扶植綱常) 때문이라.'고 했습니다. 옛날에 뜻있는 어른들이 삼강오륜을 저 뿌리에 박아 놓고 그걸 북돋아 줬기 때문에, 효자도 나고 열녀도 나지 우연히 생겨난 것이 아니라는 말입니다."

이 말을 듣고 동래 향교 측에서 온 사람들이 깜짝 놀랐다. 당시 향교의 분위기로 봐서 제사보다 교육을 중심으로 하겠다는 말은 혁명처럼 들렸을 것이다.

취임 후에는 교육 과정을 짜서 유림들의 교육을 먼저 실시했다. 그리고 방학이 되면 인근 학생들을 모아 인성교육을 실시했다. 그리고 숙원 사업이었던 강의실을 지었다. 쉽게 지어지지는 않았다. 문화재청 공무원과 싸우다시피 하

백촌栢村과 기장군의 시간

며 일을 진행시켰다. 그렇게 강의실을 짓고 성균관 관장에게 휘호를 받아 현판을 걸었다.

그러는 동안 임기인 2년이 갔다. 임기가 다 되어 가는 즈음에 생각해 보니 다음 전교와 장의가 새로 오면 이제껏 갖추어 놓은 것들이 무용지물이 되기 십상이었다. 사업에 지속성이 없어지는 것이다. 그렇게 2년마다 단절되는 일이 반복되어서는 안 될 것이었다. 그래서 생각해낸 것이 사무국장 제도의 도입이었다. 향교의 교육 외 부분의 업무를 전담하여 전교가 교체되더라도 사업의 연장을 확보할 수 있는 것이다. 그래서 성균관에 문의를 하니, 사무국장 제도로 운영하는 향교가 상당히 있었다. 그런데 사무국장을 앉히려면 급여 문제를 해결해야 했다. 그것도 군과 합의하여 부랴부랴 마련하였다. 그렇게 향교 운영의 기초를 단단히 다져 놓으니 마음이 놓였다.

그렇게 임기를 마치고 나니 한 번 더 해주십사 청이 들어왔다. 나도 한 번 더 하면 더 단단히 기초를 다질 수 있다는 생각이 들기는 했다. 하지만 좋지 않은 선례를 남기는 것은 득보다 실이 많을 것이었다. 이게 전례가 되어 혹여 욕심을 부리는 사람이 자꾸 연임을 하려고 하면 이 나라의 군사정

성균관장 표창장

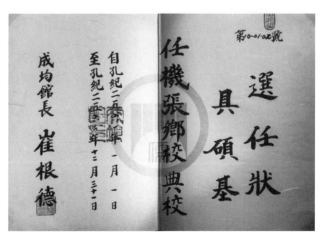

향교 전교(典教) 선임장

백촌栢村과 기장군의 시간

권과 다를 바 없어질 것이었다. 아쉬운 마음도 있었지만 사양하였다.

그 후로 전교는 그만두었지만 기장 향교는 활력이 생겨났다. 지금도 운영상 막히는 것이 있으면 관계자들이 나에게 묻는다. 향교에 몸담은 인연으로 성균관 유도회 총본부 부회장을 역임하기도 하고, 성균관 원로도 지냈다. 뒤돌아보면, 내가 한 일이지만 헛된 일을 한 것 같지 않아 뿌듯한 마음이 있다.

## - 기장 서당, 오열(嗚咽)과 명인(鳴咽)

볼일이 있어 일광에 나갔다가 면사무소 앞에서 담배를 한 대 피고 있었다. 기척이 있어 살펴보니 면사무소에 딸린 건물에서 서예교실이 열리고 있었다. 창문 너머로 살펴보니 선생은 나이가 지긋한 여자 수강생 몇을 앉혀 놓고 한시를 쓰고 있었다. 후에 알게 되었는데 나이는 나보다 일곱이 많았다. 쓴 것을 보니 7언 절구의 28자의 한시였다. 글은 제법 잘 썼지만 거들먹거리는 본새가 거슬렸다. 글을 다 쓰고 나서 수강생들이 뜻을 물으니 풀이를 해 주는데 그 뜻이 맞지 않았다. 글씨만 쓸 줄 알았지 그 뜻이 무엇인지 제대로 모르고 있었다.

오열(嗚咽)을 명인(鳴咽)이라고 가르치고 있었다. 오와 명은 비슷하지만 다른 자이고 열과 인은 같은 자이지만 달리 쓰이는 자이다. 오열은 탄식할 오(嗚) 자와 목멜 열(咽) 자로 '목메이게 운다'라는 뜻이다. 반면에 명인은 울 명(鳴) 자와 목구멍 인(咽) 자로 '울음을 삼킨다'는 의미이다.

내가 참지 못하고 불쑥 끼어들었다.

"그 글자는 명인이 아니라 오열이오."

백촌栢村과 기장군의 시간

갑작스런 불청객이 끼어들어 자신이 가르친 걸 틀렸다고 하니 적잖이 언짢은 표정이 되었다. 그러거나 말거나 나는 기왕 시작한 것 할 말을 다 하였다.

"내가 갑자기 끼어들어 언짢겠지만, 나는 당신이 사람을 가르치는 일을 하기 때문에 그걸 보고만 있을 수 없소. 거짓된 지식이 새끼를 치고 퍼져나가면 이 세상이 어떻게 되겠소. 그러니 책임감을 가지고 한번 더 돌아보고 가르치는 게 좋겠소."

일이 그 지경이 되었으니 선생은 자기가 아는 것을 다 동원해서 나를 이기려 들었다. 하지만 그 싸움에서도 내가 다 이기고 말았다. 마침내 선생이 두 손을 들고 말았다.

"거참, 당신은 아는 것이 그리 많아 갚지(맞서지)도 못하겠소."

그렇게 알게 되어 통성명도 하고 가끔 고스톱을 치고 술잔도 나누며 어울리는 사이가 되었다. 술을 마시며 "서당을 하든 뭘 하든 당신 맘대로 하는데 내가 입 댈 일이 아니지만, 진실이 아닌 걸 가르치면 그냥 있을 수가 없다. 이거는 안 맞다."고 충고를 했고, 그렇게 또 싸움을 하다가 다시 웃으며 술을 마시고는 했다.

그런데 면사무소에 속한 건물을 헐어 버리는 바람에 서당이 갈 곳이 없어졌다. 배우던 학생들이 새로 공부할 장소를 나에게 알아봐 달라 부탁을 했다.

"구 선생님 서당 좀 만들어 주소."

그래 이래저래 떠돌아 다니다가 나중에 갈 데가 없어 우리 제실까지 데리고 와서 수업을 했다. 그 와중에 훈장이 돌아가셨다. 그러자 이번에는 학생들이 새 선생을 구해 달라고 청을 했다. 어쩔 수 없이 여기저기 수소문해서 선생을 구해 주었다. 그런데 그 선생은 돈을 탐하는 사람이었다. 학생들이라고 해 봐야 다들 늙은이들인데 돈을 탐하니 부담이 되어 싫어했다.

나중에는 어찌할 수 없어 내가 훈장을 맡았다. 처음에는 글씨도 쓰고 글도 가르쳤다. 그러다 차츰 글씨는 하지 않고 공부만 하게 되었다. 열 명 남짓 배우러 오지만 수준이 꽤 높다. 그도 그럴 것이 사자소학부터 시작해서 동몽선습, 명심보감까지 마치며 30년이 지났다. 지금은 고문진보와 논어에서 발췌한 부분을 가르친다. 퇴직한 대학 교수도 와서 배우고 합천에서 온 사람도 있다. 여러 종류의 사람들이 온다.

지금은 내가 이리저리 발품을 팔아 일광의 옛 보건소 자리를 군에서 지원받아 사용하고 있다. 집기와 책상은 원자력발전소에서 지원받았다. 덕분에 수강생들은 무료로 교육을 받을 수 있게 되었다. 일주일에 두 번 화요일과 목요일에 모여 공부를 하는데, 지금은 코로나로 중단되어 있다.

이제 내 나이가 여든다섯이다. 지금 내가 가진 것이라고는 하찮은 지식이 조금 남아 있을 뿐이다. 이것을 필요한 사람에게 나눠 줄 수 있다면 그것이 내 기쁨이다.

## - 동일회(東日會)

옛날에는 고리원자력발전소 자리에 봉수대가 있었다. 이름은 아이(阿爾)봉수대였다. 그곳의 지명이 아이포(阿爾浦)였다. 이 아이포에 최현재 선생이라는 분이 계셨다. 내 부친 연배여서 나와는 스무 살이 넘게 차이 났다. 지금 살아 계셨으면 백열 살이 넘었을 것이다. 그분이 아이포에 서당을 만들어서 아이제(阿爾齊)라 이름을 붙이고 아이들을 가르쳤는데, 젊을 때 자주 가서 일을 도와드리곤 했다. 그러다 이야기를 주고받으면 아버지 연배라도 대화가 잘 통했다.

어느 날 학리에 사는 지인의 아버지가 돌아가셔서 초상집에 갔다가 최현재 선생을 만나 이야기를 나누었다. 그때 나눈 이야기는 이러하다.

'우리가 같은 향토에 살아도 계층 간에 따로따로 놀아서 이야기가 연결이 잘 되지 않는다. 형 친구만 되어도 어려워서 그런 자리 잘 나가지 않고, 동생 친구와도 소원하여 잘 만나지 않는다. 이런 습관이 나쁘다. 얼마든지 아버지나 할아버지 되는 사람하고 놀고 대화하고 하는 자리가 되어야 한다. 상호간에 예절만 잘 차린다면 안 되겠는가. 그래야 향

토사고 공동체고 간에 계속성이 있지 않겠느냐. 지금처럼
계층을 나누고 단절되선 안 된다.'

이렇게 내가 주장하니 내 말이 맞다고 맞장구를 쳐 주었
다. 그러고는 "우리가 모임을 하나 만들자. 만들어서 향토
사고 지방사고 학문에 관심 있는 사람 모아서 격 없이 교류
를 해 보자."고 말씀하셨다. 그래서 나도 동의를 하고 모임
을 만들자고 약속했다.

뒤에 그 일을 구체화하기 위해 내가 안을 짰다. 기장 사
람이며 장안 사람이며 처음에는 좋다고 말하던 사람들이
시간이 지나도 참여를 하지 않았다. 그래서 일광 사람들만
모아서 모임을 만들었다. 노소동락이지만 질서는 반듯하
게 차렸다. 나이는 부지불식 차이가 나든 친구이든, 기초 예
절을 지키자 약속을 하고 모임을 만들었다. 모임을 만들고
창립총회에서 모임 이름을 정했다. 누구 한 사람이 손을 들
고 말했다.

"우리가 동래군에 속했을 때의 향수가 있으니 동래군 일
광면에서 한 자씩 따와서 '동일회'로 하는 것이 어떻겠습니
까."

내 생각에는 동녘 동(東) 자에 날 일(日) 자가 왜색이 짙어

보였다. 하지만 당시의 분위기로는 괜찮겠다 싶었다. 다들 좋다고 해서 '동일회'로 이름을 정했다.

초대 회장을 최현재 선생으로 모셨다. 선생은 서예 솜씨가 훌륭하였다. 한시(漢詩)를 써서 모아 놓은 것이 꽤 되었다. 그래서 내가 전시회를 하자고 제안해서 하게 되었다. 전시회에서 내가 한시를 해석하여 풀어 주고 좋은 것은 팔아도 주었다. 그 모습을 보던 최현재 선생이 깜짝 놀라며 말했다.

"내가 곁에 사람을 두고 사람이 있는 줄 몰랐구나."

나이가 자기 아들뻘 되는 이가 한학에 트여 있으니 놀란 것이다. 한시와 학문을 이야기하면 대화가 통했다. 나이를 뛰어넘어 세상을 보는 안목도 통하는 바가 있었다. 그분이 돌아가실 무렵, 자신의 장례 절차와 후사를 나한테 부탁했다. 본인은 천주교 신자였지만 만장은 손수 써 놓았다고, 유교식으로 장례를 치르라고 부탁했다.

그렇게 동일회 3대째가 되니 모두가 나더러 회장을 하라고 했다. 나보다 나이도 많고 군수까지 역임한 경력이 있는 선배들도 하나같이 나를 추대했다. 더 사양하는 것은 실례라 생각이 들어 3대 회장을 맡았다. 나는 동일회의 정신

백촌柏村과 기장군의 시간

을 이어 가며 노소를 가리지 않고 교류하며 좋은 사람들을 초청하여 강연도 열고 주위의 사람들을 돕기도 했다.

동일회는 지금까지도 그 명맥을 잇고 있다. 하지만 초기에 비하면 그 성격이 좀 달라졌다. 회원의 숫자는 상당히 불어서 양적으로 성장했지만 질적으로 퇴조가 보인다. 노소를 떠나 지식과 세계관을 나누고 서로 교류하며 계속성을 키워 나가지 않고, 친목 위주의 모임으로 변질되고 있는 것 같아 유감이라는 생각을 떨칠 수는 없다. 덩치가 커지면 그러기가 십상이기는 하지만, 이것 또한 과제라 여겨진다. 하루빨리 초심으로 돌아가 건강한 향토 문화로 자리매김을 했으면 하는 바람이다.

## - 삼성대(三聖臺) 윤선도 시비(詩碑)

　　일광해수욕장에 위치한 삼성대에는 고산 윤선도를 기리는 비(碑)가 있다. 이 비에는 그가 지은 시 세 수가 기록되어 있다. 윤선도는 광해군 9년 함경도 경원에서 경상도 기장으로 이배(移配)와 약 5년 간 유배 생활을 했다. 윤선도는 집안의 중심 인물이어서 이대로 두고 볼 수 없었던지, 유배 생활 3년 뒤인 1621년 8월에 동생 윤선양이 찾아온다. 윤선양은 이복 동생이었지만 윤선도와 애틋한 사이였다고 전해진다. 『고산유고(孤山遺稿)』[29]에 따르면 동생 윤선양은 고산에게 유배 생활에서 벗어나게 하려고 속전(贖錢, 돈을 주고 유배에서 벗어남)을 제안했다. 하지만 고산은 이를 거절하며 선비로서의 절개를 선택한다.

　　어쩔 수 없어 선양은 빈손으로 한양으로 돌아가야 했다. 고산은 동생을 삼성대까지 배웅했다. 삼성대에서 동생과 이별을 하며 애잔한 마음을 모아 칠언절구의 시 두 수를 지었다.

---

29　조선 후기 문신인 윤선도(尹善道, 1587~1671)의 시문집.

백촌栢村과 기장군의 시간

2005년 4월

부산시장으로부터 받은 공로패

윤선도 시비

贈別少弟(증별소제) 아우를 보내며


若命新阡隔幾山(약명신천격기산) 네 뜻을 따르자니 얼마나 많은 산이 가로막을 것이며

隨波其奈糗生顔(수파기내난생안) 세파를 따르자니 얼굴이 붉어짐을 어쩌겠는가

臨分惟有千行淚(임분유유천행루) 이별을 당하여 오직 천갈래 눈물만이

灑爾衣裾點點斑(쇄이의거점점반) 옷자락에 흩뿌려져 점점이 얼룩지네


我馬騑騑汝馬遲(아마비비여마지) 내 말은 내달리고 네 말은 더디건만

此行那忍勿追隨(차행나인물추수) 이 길 어찌 차마 따라오지 말라 하겠는가

無情最是秋天日(무정최시추천일) 무정한 가을 해는

不爲離人駐少時(불위이인주소시) 헤어지는 사람 위해 잠시도 멈추지 않네

백촌栢村과 기장군의 시간

동생의 제안을 뿌리친 강직한 선비 정신과 아우를 향한
이별의 슬픔이 서린 송별시다.

그 옆에는 고산의 임금에 대한 충심을 담은 시 한 수도
같이 새겨져 있다.


病中遺懷一首(병중유회) 병중에 회포를 보내다


居夷禦魅豈余娛(거이어매기여오) 편히 살기 위해 도깨비
를 막음이 나만의 즐거움이랴

戀國懷先每自虞(연국회선매자우) 나라를 사랑하는 마음
가졌기에 모든 것이 절로 걱정이네

莫怪踰山移住苦(막괴유산이주고) 산 넘어 옮겨 사는 괴로
움을 가련하게 여기지 마라

望京猶覺一重無(망경유각일중무) 한양을 바라보니 도리
어 막힘이 없구나


유배 생활의 고달픔과 병마에 시달리면서도 마음은 늘
임금이 있는 한양을 향한다는 고산의 충심을 노래한 시다.

이 시비는 2004년 12월에 기장문화원이 부산광역시로

부터 기금을 지원받아 세우게 되었다. 당시 뜻있는 인사 21인이 모여 '고산 윤선도 시비 건립 위원회'가 결성되었고, 2005년 4월에 세웠다. 고산의 선비정신과 충심을 기리자는 의도로 세운 것이다. 그 과정에서 내가 시비(詩碑) 건립 추진위원장을 맡게 되었다.

비를 세우기 전, 비에 새길 고산의 한시를 한글로 번역하는 과정이 선행되었다. 어느 대학 사학과 교수가 와서 번역을 했는데 그 내용이 맞지 않았다. 그래서 내가 잘못된 부분을 설명하니 교수가 수긍을 하였다. 그렇게 내용을 수정해 비석에 기록을 하고 일광의 삼성대에 시비를 세우기로 결정하였다. 하지만 여기에 딴지를 거는 사람이 있었다.

고산은 죽성에서 귀양살이를 했는데 왜 시비를 일광의 삼성대에 세우냐는 것이었다. 그래서 내가 그 근거가 무엇이냐고 물었다. 그러니 하는 말이, 이전에 신천에 부산고등학교 선생을 한 사람이 있었는데 그 사람이 그랬다고 했다. 답답한 노릇이었다. 어디서 전해 들은 말 한마디로 신념처럼 움직이는 사람이라니. 어쨌든 내가 나서서 해명을 했다. 죽성이 귀양지라는 말은 근거가 없다. 『고산유고』에도 죽성이라는 말은 나오지 않는다. 기장과 관련된 단어라고는

백촌栢村과 기장군의 시간

삼성대만 명시되어 있다. 그리고 그러한 사실을 차치하더라도 이 시비를 세우는 것과는 관련이 없다. 이 시비의 내용이 동생과 삼성대에서 이별하는 것인데, 삼성대에 세우는 것이 당연한 것 아닌가.

그제서야 슬그머니 꼬리를 내렸다. 그렇게 해서 삼성대에 시비를 세울 수 있었다.

## - 바둑과 낚시

나는 딱히 취미라 할 만한 것은 없이 살았다. 젊어서는 계속 밖으로 다니느라 뭘 지긋이 재미 붙여 할 틈이 없었다. 굳이 꼽아 보자면 가끔 바둑 두고 낚시하는 게 취미다. 바둑은 3급 정도 두었다. 예전에 최영근 씨라는 분이 울산에서 한국기원 원장을 할 때가 있었는데, 어쩌다 놀러 가서 바둑을 두곤 했다. 그분은 서울에서 1급을 둔다고 했다. 1급이면 아마추어 중에서 제일 고수다. 그런데 막상 바둑을 두고 보니 쩔쩔매는 모습을 보였다. 그러면서 나를 보고 사기 2급이라며 급수를 올리라고 말했다. 나는 서울 바둑이 경상도 바둑보다 좀 무르다며 농을 하고는 했다.

낚시는 심심수양의 의미에서 자주 다닌 편이었다. 주위가 다 바다고 예전에는 하천도 많이 살아 있었다. 주로 붕어 낚시를 많이 했다. 붕어 낚시는 낚시의 표준이라 할 수 있다. 고요한 수면에 떠 있는 찌를 보고 있으면 어지러운 마음을 다잡을 수 있었다. 그러다가 찌가 슥 올라오고 하면 그것도 참 재미가 있었다. 그런 시간을 통해 정치며 사업이며 집안일로 지친 마음을 다잡았다.

　　　　　　　　　　백촌栢村과 기장군의 시간

date.4

가장의 시간

## – 아버지와 입춘방(立春榜)

아버지는 조부님 슬하에서 한학과 서예를 배우신 분이었다. 매년 입춘(立春)이 되면 입춘방을 썼다. 조부님이 대청에 담뱃대를 들고 앉아 아들에게 입춘방을 쓰라고 시켰다. 하지만 그 일은 아버지에게 곤욕스러운 일이었다. 세칸 접집에 문과 기둥이 너무 많았던 것이다. 입춘방이라 하면, 문에 써 붙이는 방과 기둥에 붙이는 방이 있었다. 문에는,

千災雪消(천재설소) 천 가지 재앙은 눈같이 사라지고
萬福雲興(만복운흥) 만 가지 복은 구름같이 일어나라
立春大吉(입춘대길) 봄이 오니 크게 길할 것이요
建陽多慶(건양다경) 따스한 기운이 도니 경사가 많으리라

이렇게 써 붙이고, 방문 좌우 기둥에는

堂上鶴髮千年壽(당상학발천년수) 어른의 머리는 학의 깃털처럼 희게 오래 사시고
膝下子孫萬代營(슬하자손만대영) 자손들은 만대에 이르

도록 영화를 누리리라

고 써 붙였다. 그리고 그다음 기둥에는

天增歲月人增壽(천증세월인증수) 하늘은 세월을 더하고 사람은 수명을 더한다

春滿乾坤福滿家(춘만건곤복만가) 천지에는 봄이, 가정에는 행복이 가득하다

이렇게 써서 붙였다. 각 방에는 해당 연도를 같이 표기했다.

사실, 아버지는 자식들에게 엄하고 여러모로 재주가 있는 분이셨지만 조금 게으른 성정을 가진 분이셨다. 농사일도 하시다가 한번 손을 놔 버리신 후로는 두 번 다시 하지 않으셨다. 머슴에게 농사를 다 맡기고 비가 와서 마당에 벼가 떠다녀도 손대지 않았다.

그런 분이 매년 입춘이 되면 그 많은 방을 써야 했으니, 당신께는 고역일 수밖에 없었을 것이다. 을유년(1945년)에 해방됐는데 그 한 해 전이 갑신년이었다. 그 해에 조부님이 돌아가셨다. 아버지는 조부님이 돌아가신 이후로 입춘방

자식들을 엄하게 가르치셨던 아버지.
안타깝게도 어머니의 사진은 찾을 수가 없다.

가장의 시간

을 쓰지 않았다. 덕분에 몇 해가 지나도 집안의 부엌이며 창고며 대문이며, 문과 기둥에는 갑신년 입춘방이 계속 붙어 있었다.

아버지는 예순여섯에 돌아가셨다. 어머니가 돌아가시고 14년 뒤였다. 내 나이 마흔 세살 때였다.

## – 어머니, 그 짧고도 고단한

어머니는 영산 신씨로 용(容) 자 순(順) 자를 쓰셨다. 고향은 장안면 효암리다. 어머니가 결혼할 시기에는 결혼해도 친정에 1년간 살다가 시댁으로 오는 풍습이 있었다. 흔히 '해먹힌다'라고들 했다. 신랑은 신붓집 출입이 자유로웠다. 그때 어머니는 딸을 하나 낳았는데 시댁에 오기 전에 죽었다고 한다. 그다음에 내가 태어나고 아래로 동생 다섯이 더 태어나서 3남 3녀의 자식을 두었다.

어머니는 여타의 많은 한국 어머니들이 그렇듯이 가족에게 헌신하고 희생적인 분이었다. 조부님 때부터 가세가 줄기 시작했지만 그래도 남은 전답을 경영하고 가계를 꾸려 나가야 했다. 조부님이 돌아가시고 농토가 줄자 머슴[30]을 둘만 썼다. 아버지는 농사에서 손을 놓다시피 했다. 그렇다고 남편에게 탓을 할 수 있는 시절도 아니었다. 어쩔 수

---

30    당시 머슴들은 1년씩 계약을 했다. 능력에 따라 대가가 곡식 7섬 10섬으로 정해지고, 동지가 지나면 임기가 끝났다. 그러고 나면 한 해를 더 할지 다를 데를 알아볼지를 정했다. 정월 보름까지 일 할 집으로 들어가서 보름밥 먹고 나면 일을 시작했다. 해방되고도 농사를 전담하던 머슴은 많이 있었다.

없었다. 어머니는 줄어든 일손만큼 당신이 더 많은 일을 감당해야 했다. 보통 사람보다 두 배는 더 일했다. 그 고단한 농사를 짓는 중에도 자식들이 학교에 다닐 수 있도록 빠짐없이 뒷받침해 주셨다.

어머니는 재능도 있는 사람이었다. 한글과 한문, 그리고 셈에도 능하셨다. 내가 어렸을 때만 해도 글을 아는 사람은 소수이고 거의가 문맹자였다. 더군다나 여자들의 문맹률은 더 높았다. 글을 아는 사람 중에는 한문을 조금 아는 사람, 가나(일어)를 조금 아는 사람, 한글까지 아는 사람이 있었다. 어머니는 당시에 학교를 졸업한 웬만한 사람들보다 실력이 뛰어났다.

부락의 이장이나 반장도 일이 막히면 어머니에게 도움을 자주 청했다. 당시 우리 앞집 사람이 동네 반장을 하고 있었다. 낮에는 쫓아다니며 일을 하는데 글을 잘 몰랐다. 일을 마치고 저녁이 되면 매일 어머니에게 와서 당일 한 일을 보이고 정리를 해 갔다. 어머니께서 가끔 싱거운 물음을 던졌다.

"자네는 학교 다닐 때 공부 안 하고 뭐했노?"

이러면

"올케 모르겠습니다."

라며 머리를 긁고는 했다.

하지만 어머니는 그리 오래 살지 못하셨다. 쉰한 살에 돌아가셨다. 내 나이 스물아홉 때였다. 가벼운 질병이었다가 패혈증으로 증상이 악화되었다. 당시에는 의료 시설이 시원치 않았다. 동네에 군 위생병 출신의 가짜 의사가 있었지만 처치가 제대로 되지 않아 급성 패혈증으로 돌아가셨다. 지금으로서는 상상도 할 수 없는 일이지만 당시로서는 어쩔 수가 없었다.

어머니가 돌아가시고 밭 몇천 평을 팔았다. 당시에 아내도 경주 양반댁에서 시집와서 농사일을 모르는 사람이었다. 누이동생과 밭에 김을 매다가 비가 오면, 저만큼 맨 자리에 다시 풀이 돋아났다. 자고로 경자유전(耕者有田)[31]이라고 했다. 나로서는 그 농지를 도저히 감당을 할 수 없었다.

---

31　농사를 짓는 사람만 농지를 소유할 수 있다는 것으로, 소작을 금지하는 원칙이다. 많은 나라에서 토지 개혁의 일환으로 채택되었다. 농지법은 농지를 이용해 농업경영을 하거나 농업경영할 예정인 사람만 농지를 소유할 수 있다고 규정하고 있다. 이 원칙은 농지의 소유자와 경작자를 일치시켜 농지의 생산성을 극대화하자는 이상을 실현하기 위한 것이었다.

혹여 지나가는 사람이 밭을 보고 '풀이 많이 자란 밭은 다석기 밭이다' 그런 소리를 할 것도 같았다. 그래서 그 밭을 팔았다. 돈이 필요한 것은 아니었지만, 본래 농사도 지을 줄 모르는 나는 감당할 수 없었다.

돌이켜 보면 어머니의 이른 죽음은 내 한으로 남았다. 지금껏 살아오며 남들에게 아무 부러운 게 없는데, 당상에 머리 허연 부모가 있으면 부럽다는 생각이 든다. 건강하셨더라도 어머니가 지금까지 살아 계시지는 않았겠지만, 젊을 때 돌아가신 게 여한으로 남았다. 그 아들로 태어난 나로서는 감사할 따름이지만, 당신의 생은 참으로 짧고 고단한 인생이었다.

## – 예장지(禮狀紙)[32] 좀 써 주소

예전에는 동네에 글을 아는 사람은 소수고 대부분은 문맹이었다. 그러니 얼마나 불편한 일이 많았겠는가. 그러니 동네의 대소사를 물으러 오는 사람이 종종 있었다. 한번은

"예장지 좀 써 주소."

이러고 찾아온 사람이 있었다. 하지만 그 모양새나 말을 들어 보니 예장지에 들어갈 구체적 내용이 뭔지도 모르는 것이 틀림없었다. 근데 예장지라는 것이 글만 그냥 써 주는 것이 아니고 내피 외피에 삼근봉(三謹封)도 해야 하는데 종이도 한 장 안 들고 와서 그런 부탁을 하는 것이다. 그때 사람들이 예장지가 뭔지는 잘 모르지만 혼사를 치를 때 반드시 있어야 되는 것으로만 여겼다.

"나는 형제 자식들 여럿 남혼여취(男婚女娶)시켜도 예장지 하나 없이 다 했는데, 그런 거 뭐 하러 하실랍니까?"

이 정도 말하면 선선히 물러설 줄 알았다. 그런데

---

32   혼담이 오가고 난 뒤 양가에서 혼사를 결정하면 신랑집에서 신붓집에 청혼의 의사를 적은 예장지를 보내는데, 이를 초단이라 한다. 청혼의 의사를 담은 초단을 받으면 신붓집에서는 청혼을 승낙하는 내용의 허혼서를 보냈다.

“그래도 좀 써 주소.”

라며 물러서지를 않았다. 나는 되물었다.

“그 사돈네에는 누가 읽을 줄 아는 사람이 있습니까?”

그러니

“아, 걱정 마이소. 있습니다.”

라며 대답했다. 나는 어쩔 수 없이 청을 들어 주었다. 그 때는 세상이 그랬다.

## - 결혼과 아내

나는 스물세 살에 결혼했다. 당시 나는 결혼을 하기는 아직 어리다고 생각했고 집안 어른들도 이르다며 반대하는 분들도 있었다. 하지만 아버님과 종숙께서 서두르셨다. 그렇게 혼사가 이어져 만난 아내는 경주 양동의 월성 손씨 집안의 규수로, 나보다 한 살 아래였다. 월성 손씨는 지체 높은 양반 집안이었다. 대표적 인물로 조선시대 계림군 손소가 있다. 그 자손으로 대대로 벼슬을 지내 온 집안이었다. 장인어른은 종손이면서 사업에도 수완이 있어 일본을 오가며 사업을 해서 유복한 집이었다. 거기서 자란 아내는 칠남매의 맏딸로 양반집 규수로 자랐다.

처가 동네인 경주 양동은 남녀의 내외가 심한 동네였다. 같은 경상도인데도 차이가 컸다. 논밭 일도 전부 남자가 했고 여자는 바깥 출입을 하지 않았다. 장터에 나가 장을 보는 것도 남자가 했다. 냇가에서 빨래를 하는 여인도 없었다. 일꾼이 물지게에 물을 져다 주면 집안에서만 빨래를 했다. 웬만해서는 여인은 외간 남자와 말을 섞지도, 집 밖을 함부로 나가지도 못했다. 남녀 내외가 심해서 여자를 가둬 놓고 키우다시피 한 것이다. 남녀유별과 반상의 차이가 사라진 세상이었지만, 처가 동네는 여전히 그 굴레가 많이 남아 있는 곳이었다.

반면 우리 동네는 여자들이 주로 일을 하였다. 바닷가 동네라는 지리적 특성도 있었겠지만 처가 쪽과는 그 차이가 컸다. 그런데 아내가 나에게 시집을 왔다. 시집을 오니 위로는 시부모님과 시할머니, 손아래로는 시누이와 시동생이 여섯 명이나 있었다. 나는 그때부터 정치판에 끼어 집에 있는 날보다 없는 날이 많았다. 그러니 젊은 새댁이 낯선 곳으로 시집와서 기댈 남편도 없이 얼마나 낯설고 힘들었겠는가.

하지만 살아가자니 어쩔 도리가 없었다. 시어머니 따라 농사도 짓고 집안일을 하였다. 한 해 두 해 지나니 아내도 조금씩 변해서 여기 사람이 되어 갔다. 그러다가 결혼하고 다섯 해가 지났을 때 시어머니가 돌아가셨다. 그 뒤로는 시어머니를 대신해서 병석에 누운 시할머니를 돌보고 집안일을 도맡았다. 머슴들 둘을 데리고 논밭 농사도 다 지었다.

관혼상제가 끊이지 않았다. 우리 집안도 문호가 넓은 편

1958년 4월 10일 결혼식

가장의 시간

이라 문중 일이 많았다. 관혼상제가 있을 때면 아내는 수도 없이 예물과 제수를 차려 냈다. 시간이 지나면서 바느질이며 상차림 솜씨가 여물다고 동네에 소문이 났다. 덕분에 동네 잔치에 도와달라는 청이 끊이지 않았다. 집안일만 해도 손이 턱없이 모자랐지만 언제나 일손을 보탤 수밖에 없었다.

그 세월이 벌써 60년이 넘었다. 아내는 스물둘에 시집을 와서 이제 여든넷이다. 고향에 22년 여기서 62년이니 이제는 여기 사람이 맞을 것이다. 그동안 집 안팎을 지키며 혼자된 시아버지를 모시고 시누이와 시부 여섯을 출가시키고 아들 딸 다섯 남매를 키워 냈다. 정치다, 문중 일이다, 향토 사업이다 하며 휩쓸려 바깥으로 도는 남편의 빈자리를 묵묵히 지키며 집안을 이끌어 왔다. 나같은 사람에게 와서 그 수고가 한이 없었다. 이제 와서 말 한마디로 어찌 그걸 다 갚겠냐마는, 참으로 미안하고, 참으로 고맙다.

젊은 시절의 아내(손정자 여사)

가장의 시간

## – 처조부의 신랑 시험

아내의 할아버지, 그러니까 처조부께서는 당대 경북에서 제일가는 한학자였다. 자가 묵하(黙河)다. 고요하게 흐르는 강. 소리 없이 흘러가는 강물만큼 뜻이 깊은 분이셨다. 집안 간 혼사 관계를 놓아서 장인 될 분이 나를 한번 만나 보러 왔었다. 얼마간 대화를 나누고 댁으로 돌아가셨다. 그러고 나서 혼담이 본격적으로 오가다가 결혼을 했다. 훗날 자세한 이야기를 들었다.

사윗감을 보고 온 장인이 아버지께, 그러니까 나의 처조부 되시는 분에게 고했다고 한다.

"가 보니 신랑감은 똑똑하고 괜찮은데, 성이 구가입니다. 구가가 우리 집안과 혼인을 해도 됩니까?"

그러니 처조부께서 되물으셨다.

"그 관향이 능성이라 하더나?"

"예."

"그러면 대단한 양반 집안이다. 우리보다 낫다."

그 말에 장인이

"우리보다 더 나은 양반도 있습니까?"

라고 물었다.

"이조 사부라고 우리보다 좋은 집안이다. 혼인해도 좋다."

라고 혼인 허락이 떨어졌다고 한다. 그때만 해도 집안 어른들이 결혼을 결정할 때라 당사자들의 의중은 그리 중요하지 않았다.

그렇게 스물세 살에 장가를 가게 되었다. 당시 처가 결혼 풍습이 상객과 우인 모두를 모셔 그 집에 하루 자며 잔치를 하는 것이었다. 그렇게 모여 우인들이 신랑인 내 발바닥을 때렸다. 왁자하게 노는데 장인은 말리지도 못하고 처마 끝 낙숫물 떨어지는 자리를 맴돌며 지켜보고만 있었다. 그러다가 더는 못 참으시겠는지, "이제 그만하고 술 묵어라."며 고함을 치셨다. 그렇게 술을 마시고 놀다가 상객들이 다 그 집에서 잤다.

그런데 아침에 일어나니 나를 불렀다. 가 보니 삼락정이라는 현판이 붙은 건물이 있었다. 뒤에 알았지만 거기는 처조부께서 운영하는 학당이었다. 안에 들어서니 제자들과 손가 문중 사람들과 체객들, 안동 예천 쪽에서 온 사람들 40여 명이 지필묵을 앞에 두고 앉아 있었다. 그 가운데 자리에

2021년 봄, 아내와

지필묵이 놓인 빈자리가 있었다. 거기가 내 자리였다. 딱 봐도 신랑을 시험해 보려 하는 것을 눈치챌 수 있었다. 조금 언짢은 생각이 들었지만 자리가 자리인지라 어쩔 수 없었다. 자리에 앉자 처조부께서 자기가 부르는 대로 글을 쓰라고 했다. 나는 부르는 대로 썼다. 서예 솜씨는 시원찮은 편이었지만 부르는 것을 끝까지 쓴 사람은 나 혼자밖에 없었다. 마지막으로 쓰라고 부른 것이 모순(矛盾)이었다. 쓰고 나니 다시 물었다.

"이게 무슨 자고?"

"창 모에 방패 순잡니다."

그러니 다시 물었다.

"창하고 방패인데 우리가 말할 때는 앞뒤가 맞지 않다고 쓴다. 어찌 그런가?"

그래서 또 대답했다.

"고사성어입니다. 옛날 중국 춘추시대에 장사치가 창과 방패를 팔며 한 말이었습니다. 무엇이든 뚫는 창과 무엇이든 막아내는 방패라는 말이 앞뒤가 맞지 않아 유래가 된 말입니다."

이렇게 대답을 하니, 처조부께서 고개를 끄덕끄덕하며

　　　　　　　　　　　가장의 시간

백촌의 항심

"신랑이 글을 많이 했다."

라며 웃었다. 그 후로 나를 자주 불렀다. 통감 15권을 내놓고 '읽어 봐라. 풀이해 봐라.' 하며 나를 떠보았다. 그러고는 나를 당신과 3년만 같이 수학하자고 붙잡았다. 자기 자손들은 학문에 재주가 없어 이 학문을 누구에게 물려주겠냐며, 3년만 수학하면 그 많은 책을 나에게 모두 물려주시겠다고 했다. 하지만 그 젊은 시절에는 어림도 없는 청으로 여겨져서 거절했다. 지금 생각해 보면 후회스럽기도 하다. 긴 인생에서 3년을 투자했으면 한학을 어느 정도 완성했을 듯도 싶어서다. 하지만 어쩌겠는가 지나간 일이고, 그때는 죽어도 싫었던 것을.

## - 악법도 법이다

자식은 아들 둘에 딸이 셋이다. 이제는 모두 장성하여 맏아들이 환갑을 바라보고 있다. 서울에 큰딸과 막내아들이, 양산에 큰아들, 둘째 딸은 멀리 일본에 산다. 막내딸은 수원에 산다. 모두 다 늙은 부모를 살뜰히 챙긴다. 지금은 모두 자리를 잡고 잘살고 있지만, 5남매 모두 나 같은 아비 아래 자라느라 겪지 않아도 될 번거로움과 고생을 많이 겪었다.

큰아들이 중학교를 갈 당시에 학제가 개편되었다. 그전까지는 고등학교에 진학하려면 부산이든 서울이든 마음대로 갈 수 있었다. 하지만 학제가 개편되면서 지역적 제한이 이루어졌다. 덕분에 타 지역으로의 입학을 위해 해당 지역에 불법 전입신고를 하는 경우가 허다했다. 그 당시, 여기서 중학을 나오면 경남 관내로만 고등학교 진학이 가능했다. 하지만 지리적으로 부산이 더 가깝고 학교도 좋은 곳이 많았다. 뿐만 아니라 부산은 선발고사가 없어지고 추첨제로 바뀌었지만, 경남은 선발고사를 쳐서 합격을 해야 좋은 학교에 갈 수 있었다. 그 탓에 큰아들의 친구들은 진즉부터 부산으로 위장 전입을 하고 전학을 했다. 그걸 보고 큰아들이

가장의 시간

자기도 부산으로 전학을 시켜 달라고 말했다. 하지만 내 성정에 그걸 허락할 수는 없었다.

"아버지, 저는 언제 전학 갑니까?"

"니는 전학 안 간다. 악법도 법이라고 법은 지켜야 될 거아이가. 나도 찬성하는 법은 아니지만 가짜로 전입신고를 할 수는 없다. 니 친척들과 이웃들이 다 여기 학교 다니는데 니만 부산으로 가면, 그 사람들에게 상처 주고 위화감이 생긴다. 그래서는 안 될 일이다."

맏아들이 그랬으니 그 아래 자식들은 전학 이야기를 입밖으로 꺼낼 수도 없었을 것이다. 모두 다 여기서 중학을 마치고 선발고사를 쳐서 고등학교에 진학했다. 대개가 울산으로 진학을 하다 보니 집에서는 통학이 어려워 어려서부터 객지에서 하숙과 자취를 해야 했다.

## – 큰딸과 여상(女商)

5남매 중에서 나를 가장 많이 닮은 것은 큰딸 숙경이다. 매사에 소신이 강하고 세운 뜻은 반드시 지켜내는 사람으로 자랐다. 큰딸은 어려서부터 공부를 잘했다. 하지만 그 당시는 아버지가 돌아가시고 갑자기 집안 경제를 책임을 져야 하는 상황이었다. 나는 아이 다섯 모두를 대학 공부까지 시킬 자신이 없어 고민을 했었다. 고민 끝에 나는 큰딸에게 고등학교는 상업고등학교로 가라며 언질을 했다. 그날부터 난리가 났다.

"니 여상(여자 상업고) 가라."

그러니 큰딸은 동그래진 눈으로 따져 물었다.

"아버지, 여상 갈 사람은 중학 때부터 암산 주산 이런 거 해야 되는데, 그래야 여상을 갈 수 있어요. 저는 그런 것도 안 했는데 갑자기 여상을 어떻게 갑니까?"

그래도 아이라 엄하게 누르면 될 줄 알았다. 그래서 "니마, 거 가라."라고 말로 눌러 놓았다. 하지만 내 착각이었다. 눌러지지 않았다. 그날부터 딸아이는 시위에 들어갔다. 내 말은 들은 체도 하지 않았다. 나는 딸이라고 아들과 달리 차별을 하며 키우지는 않았다. 아들 둘과 딸 셋에게 항상 공평하게 대하려고 애썼다. 그런 아비의 마음을 믿고 있었던 터라 실망이 더 컸던 모양이다. 어쩌겠는가, 자식을 이길 수는 없었다. 딸 뜻대로 일반 인문계 고등학교로 진학시켰다.

때마침 딸아이가 다니던 중학교에 내 학창 시절 은사가 교장으로 부임을 했다. 그래서 만나 뵙고 딸아이 이야기를 했더니, 공부를 잘하니 약대에 보내라고 했다. 약사가 되어 자기가 몇 년 넉넉하게 벌어서 시집가면 부담이 적을 것이라고. 그래서 이번에는 딸에게 약대를 권했다. 하지만 그것도 보기 좋게 거절당하고 말았다. 그러고는 세월이 흘러 나는 그 일을 다 잊고 살았다. 하지만 이 회고록을 쓰다 보니 자연스럽게 옛일들을 이야기하게 되었다. 요번에 큰딸이 밥을 먹다가 그 이야기를 꺼내며 웃었다. 나는 여사로 여기고 있었는데, 큰딸의 마음속에는 아직도 그 일이 맺혀 있는 모양이었다.

## - 그 아버지에 그 딸

큰딸은 고등학교를 졸업하고 이화여대에 들어갔다. 그 때 나는 '백촌수산'이라는 이름을 내고 미역 사업을 한창 할 때였다. 금전적인 여유가 조금 있었다. 그래서 딸을 서울에서 공부를 시키는 데는 부담이 없었다. 그러나 딸자식을 혼자 서울에서 학교를 다니게 할 수는 없었다. 그래서 서울 압구정동에 사는 막내 여동생 집에 딸을 맡기는 조건으로 서울 진학을 허락했다. 여동생이 나에게 말을 안 했지만 나중에 알고 보니 큰딸은 대학에 진학하자마자 서클 활동을 시작하여 데모도 가담했던지 집으로 경찰이 찾아오곤 했다고 한다. 큰딸은 2학년 때까지 고모 집에서 학교를 다니더니 3학년 때부터 독립을 하겠다고 고집을 부려서, 하는 수 없이 막내 여동생이 안전한 곳을 물색하여 서울 선릉에 전셋집을 얻어 줬다. 하지만 그건 오산이었다.

가장의 시간

큰딸이 이화여대에 입학한 1980년대 초는 12·12사태[33]와 광주민주화운동을 진압하고 들어선 서슬 퍼런 전두환 정권 시대였다. 딸아이의 전셋집은 곧 학생운동의 아지트가 되었다. 전두환 정권하에서의 학생운동은 극렬했다. 언론 보도를 보니 걱정이 크게 되었다. 딸도 지명 수배자가 되었다. 집으로 찾아가니 딸아이는 수배를 피해 달아나고 없었다. 나는 딸이 차분히 공부해서 실력을 쌓기를 원했지만, 바람대로 되지 않았다. 방학 때 집에 오면 몰골이 말이 아니었다. 걱정이 되어서 병원에 데려가서 진찰을 받게 하고 보약을 지어 먹였다. 방학 때만이라도 집에 머물길 바랐지만 며칠 못 있어 딸은 서울에 약속이 있다며 올라갔다. 화가 나다가도, 나를 닮아 모른 체 참고 살지 못하는 성정을 타고난 것도 같아 미안한 생각이 들었다. 서슬 퍼런 정보부 형사들

---

33    1979년 12월 12일 전두환과 노태우 등을 중심으로 한 신군부 세력이 정승화 육군 참모 총장 등을 불법적으로 강제 연행하고 군권을 장악하면서 시작된 군사 반란 사건. 신군부 세력은 1980년 5월 17일 비상계엄 확대를 계기로 국가 권력을 탈취하고 쿠데타 일정을 마무리했다. 12·12 군사반란의 진상은 권력에 의해 은폐되어 있다가 김영삼 정부 아래서 '하극상에 의한 군사 쿠데타'라는 역사적 평가를 받게 되었다.

을 피해 숨어 다니며 고생할 딸아이를 생각하면 그저 한숨만 나왔다. 그 와중에도 학교에서 자퇴 처리되지 않도록 여동생을 학교에 보내 지도교수에게 통사정하여 휴학 처리를 했다.

어느 날 딸아이에게 연락이 왔다.

"아버지, 돈을 좀 보내 주세요."

동지들과 숨어 다니고 있는데 도피 자금이 필요하다는 것이었다. 하지만 부모 마음에 잔뜩이나 불안하던 터에 돈만 보내 줄 수는 없었다. 어떻게든 딸아이 얼굴을 봐야겠다고 생각했다.

"그래 좋다. 그런데 만나서 주께. 그렇지 않으면 돈을 줄 수 없다."

그 말을 듣고 딸은 섭섭해했다.

"제가 나쁜 일 하는 것도 아니고, 민주화 투쟁을 하는데, 다른 사람은 몰라도 아버지는 저를 믿고 이해해 주실 줄 알았는데."

그 마음을 모르는 바는 아니었다. 미안한 마음에 한참 동안 말을 못했다. 하지만 내가 군사정권 하에서 고생하며 죽을 고비 넘길 때와는 또 달랐다. 차라리 내가 죽었으면 죽었

가장의 시간

지 자식이 그런 고생을 당하는 건 참을 수 없는 일이었다. 딸을 봐야만 안심을 할 수 있을 것 같았다.

"돈은 주께. 그래도 네 엄마도 그렇고, 만나서 얼굴 보고 주께."

제 엄마 생각이 들었는지 이번에는 딸아이가 져 주었다. 그래서 서울에서 만나기로 약속을 잡았다. 하지만 그것도 쉽지 않았다. 딸이 수배자 형편이라 첩보영화처럼 접선했다. 서울에 살고 있던 막내 여동생을 통해서 딸과 접선 장소를 정했다. 접선 장소는 흑석동 육교 아래였다. 거기는 건물이 없고 횅한 길거리기였기 때문에 주변을 살피기에 좋았다. 수배자 입장에서 숨어서 주위를 살피기 좋은 장소였던 것이다. 그리고 여차하면 도망가기도 좋은 곳이었다. 아내와 나는 막내 여동생의 차를 타고 접선 장소로 갔다. 딸아이 말로는 육교 아래서 자기가 타지 않으면 그냥 지나가라고 했다. 살펴보고 이상이 없으면 차를 타겠다고 약속을 했다. 다행히 사방이 뚫린 도로 위에 차라고는 우리가 탄 차가 전부였다. 막내 여동생은 오들오들 떨면서 운전을 했다. 차가 육교 아래 도착하자 문이 벌컥 열리더니 딸이 탔다. 딸아이의 푸석한 몰골을 살필 여유도 없이 차가 출발했다. 그러고도 안심이 되지 않았다. 혹여나 미행이 있을까 봐 역삼동 일대를 몇 바퀴 돌다가 호텔로 들어갔다. 거기서 2박 3일을 지내며 딸과 이야기를 했다. 아내는 딸을 지켜보며 내내 울었다.

호텔에서 마주한 딸의 눈빛에는 이미 결연한 각오가 느껴졌다. 그것은 더 이상 부모의 걱정된 마음으로 말릴 수 있는 성질의 것이 아니었다. 말릴 수 없다면 딸의 생각과 철학이 어디까지 다다르고 있는지를 알아야겠다는 판단이 들었다. 어느 정도의 마음으로 학생운동을 하는지가 궁금했다. 그래서 물었다.

"너는 무슨 생각으로 학생운동을 하냐? 네가 하는 운동이 언론에서 말하는 것처럼 공산주의 운동이냐?"

"아닙니다. 공산주의 운동이 아닙니다. 하지만 사회주의라던가 막스·레닌주의에 대해 관심이 있어 공부는 하고 있습니다."

그렇게 시작된 딸과의 토론이 이틀 동안 계속되었다. 먼저 공산주의 운동사 전체에 대해서 이야기를 나누었다. 어느 정도 이야기가 갈무리되어 갈 무렵 내가 말했다.

"피가 끓어오를 청년의 나이에, 그리고 비정상적인 군부

독재의 사회 속에서, 막스·레닌 사상에 매력을 느끼지 않는다면 청년 정신이 없는 사람일 것이다. 그 부분에 대해서는 나도 동감한다. 하지만 젊은 혈기에 휩쓸려 당장 사회주의 사회를 꿈꾸어서는 안된다. 사회주의 사상은 공부의 대상으로 삼을지언정, 현실적 운동의 영역으로 가져와서는 안된다."

그러자 딸도 선선히 동의했다.

"저도 아버지 말씀에 동의합니다. 저희는 반독재 투쟁을 하는 것이지 공산주의 운동을 하는 것 아닙니다."

"그래, 그럼 그 문제는 되었고. 다음은 반미(反美) 운동에 대한 거다. 반미를 한다고 하는데, 현실적으로 당장 한국 사회는 미국을 배제하고는 유지되기가 어렵다. 정치경제적으로 의존도가 높은 게 사실이다. 그런데 무작정 반대만 해서야 되겠나."

"그건 아버지 말씀이 맞는 것도 있고 아닌 것도 있는 것 같습니다. 저희가 하고 있는 반미 운동은 미국의 제국주의 정책을 반대하는 것이지, 미국이라는 나라 자체에 대한 것이 아닙니다."

이런 식으로 당대 이슈에 대해서 하나하나 의견을 나누

었다. 그렇게 이틀 동안 많은 이야기를 나눈 딸과 나는, 어느 정도 합의점에 도달할 수 있었다.

"이 정도 했으면 이야기는 됐다. 내가 돈은 주마. 하지만 마지막으로 하나 짚고 넘어갈 게 있다. 내가 주는 돈은 네가 속한 조직을 지원하는 것은 아니다. 어버이로서 내 자식이 어디 기거할 곳도 없이, 헐벗고 어두운 밤거리를 헤매는 위험에 놓이지 않기를 바라기 때문이다. 명심해라."

딸아이도 고개를 끄덕였다. 나는 신문지에 싸 온 돈을 내밀었다. 그렇게 2박 3일의 만남을 끝내고 딸은 다시 동지들을 찾아 떠났다. 그렇게 2년을 더 수배자로 살았다. 다행히 잘 도망 다녀서 체포되어 전과를 남기는 일은 없었다.

그 후에 대학을 6년 만에 졸업했다. 나는 딸이 이제 고생 그만하고 결혼해서 잘살기를 바랐다. 그런 마음에 고향으로 돌아오라는 뜻에서 서울 전셋집을 처분했다. 하지만 딸은 돌아오지 않았다. 이번에는 법무사 시험을 치겠다고 서울에 머물렀다.

돌이켜 보면 딸아이는 시대를 잘못 타고나 참 고생을 하였다. 이제는 지천명이 지난 나이임에도 여전히 곧고 분명하다. 지금도 서울에서 법무사로 일을 하면서 여러 가지 사회활동을 이어 가며 자기 삶을 충실히 살고 있다. 부모 된 욕심으로는 이제 좀 편안하고 즐기는 인생을 살았으면 하는 바람이 들지만, 뭐 어쩌겠는가. 자기 몫의 인생인 것을. 나는 다만 응원할 뿐이다.

## – 아버지가 뿌린 성실엽[34]

미역 양식은 1960년대에 일본에서 우리나라로 건너와서 이후 중국으로 전파되었다. 한국은 미역 양식의 역사가 60년이 넘어가고 현재는 완도와 기장이 주산지로 자리를 잡았다.

기장 바닷가에 위치한 동백리에도 1960년대 후반부터 자연스럽게 미역 양식 바람이 불었다. 이에 동리에 사는 김복길과 김덕용이라는 사람이 양식업을 하고자 했다. 하지만 자본이 부족했던 탓에 우리 아버지를 끌어들였다. 조부때 이미 가세가 줄기는 했지만, 아버지 대에 이르러서도 우리 집은 여전히 동네에서 그런대로 유복한 집이었다. 아버지는 그 사람들 말을 듣고 덥석 투자를 해서 일을 벌였다.

문중 산 아래 바닷가에 미역 배양장을 짓고 사람을 들여 배양을 시작했다. 초여름에 수협중앙회에서 '성실엽'이라는 미역 종자를 받아 왔다. 그걸 그늘에 반쯤 말려서 바닷물에 집어넣으면 미역 씨가 나왔다. 나온 씨를 200m가 되는

---

34  흔히 미역귀라고 부르는 부분으로 미역의 씨가 열린 부분이다.

실에 올려 붙여서 미역 씨가 발아할 때까지 캄캄한 배양장에서 키운다. 그런 과정을 거쳐 발아한 미역씨가 붙은 실패를 종패라고 불렀다. 종패는 다른 양식 업자들에게 팔기도 하고 동업자들을 통해 직접 양식을 하기도 했다. 8월이 되면 그 종패를 바다 밭에 조도와 수심을 조절해서 띄워 놓으면 미역이 자라났다.

하지만 몇 해가 지나면서 벌여 놓은 판에 비해 돈이 벌리지 않았다. 나날이 빚이 늘어 가자 동업을 제안한 사람들은 슬그머니 몸을 빼고 나갔다. 그러니 그 빚과 양식 운영을 아버지가 도맡게 되었다. 아버지는 사업에 재능이 있는 분은 아니었다. 돈을 모으기보다 쓰는 것에 더 익숙한 분이었다. 그리고 그즈음부터 건강이 좋지 않았다.

안 좋아진 건강 때문인지 아버지는 나에게 집이나 논밭을 팔아서 빚을 갚으라고 다그치시곤 했다. 하지만 전답이 내 명의로 되어 있었던 것도 아니었고, 집은 식구들이 살아야 했다. 할 수 없이 아버지의 말은 뒤로 묻어 두고, 사업을 해서 빚을 갚기로 마음먹었다. 그리고 몇 년 뒤 아버지가 돌아가셨다. 내 나이 마흔하나 때였다.

할 수 없이 그때부터 내가 양식 사업을 도맡았다. 하지만 이대로 계속해서는 그동안 진 빚을 갚을 수 없었다. 새로운 방향을 모색해야 했다. 단순히 양식만으로는 답이 보이지 않았다.

가장의 시간

## - '백촌수산'과 기장 미역

내가 사업을 맡은 뒤로 경영의 열악함을 개선하기 위해
돌파구가 필요했다. 먼저, 각오를 다지는 의미에서 내 아호
를 따서 업체의 이름을 '백촌수산'으로 지었다. 그리고 문제
를 살펴보니 단순히 미역 종패 생산과 양식에 머물러서는
사업의 길이 보이지 않았다. 그렇다면 해결책은 사업의 방
식을 바꾸는 것이었다. 양식에 머물 것이 아니라 미역으로
제품을 만들어 직접 판매를 해야겠다는 생각이 들었다. 하
지만 그때까지만 해도 미역을 대량으로 유통할 만한 국내
시장은 없었다. 곰곰이 생각해 보니 일본 시장이 있었다. 왜
정 시절부터 해조류의 수요는 일본인들이 훨씬 많았다. 마
침 몇 해 전에 한일협정[35]을 통해 일본으로의 수출길이 열
려 있었다. 하지만 수출이라는 것이 마음만 먹으면 되는 것

---

35  1965년 6월 22일, 한국과 일본이 다시 국교를 맺은 협정이
다. 하지만 이 협정은 한국에게 있어서 굴욕적인 협정이었다. 당시
쿠데타로 정권을 잡은 박정희 대통령이 자신의 정권 유지와, 기조
로 내세운 경제 발전 자금 마련을 위해, 국민적 반대에도 불구하고
협정을 맺었다. 일본은 돈 몇억 달러를 내고, 일제 때 행한 수많은
만행에 대해서는 일체 함구하였다.

은 아니었다. 나라 간 사업이다 보니 무역 업체를 통해 거래를 해야 했고 혼자의 힘으로는 벅찼다. 할 수 없이 연대가 필요했다.

당시에 국내 미역 양식의 80%는 전남 완도에서 이루어졌다. 나는 완도로 가서 양식 업자들을 만났다. 수차례 만나서 협의를 한 결과, 완도 업자 중 하나를 회장으로 앉히고 '전국미역양식협회'를 만들었다. 나는 부회장을 맡아 부산과 경상도 쪽 지부장 역할을 하면서 일본 수출길을 열었다.

제품은 생미역을 솥에 데워서 푸른빛이 나면 소금으로 절여서 물을 뺐다. 그걸 잘게 쪼개서 단정하게 포장을 했다. 지금은 시장에 가면 흔하게 볼 수 있는 염장 미역이지만 그때는 없었다. 그렇게 만든 염장 미역을 일본에 수출했다. 그 중에서도 기장에서 나는 미역 품질이 훨씬 뛰어나서 값도 비싸고 인기도 좋았다.

그건 일본의 북방계 미역과 기장 미역이 비슷한 품질을 가지고 있었기 때문이었다. 일본 본토와 북해도 사이에 있는 아오모리·이와데·미야키, 이 세 곳을 산닛쿠 지방이라 불렀다. 이 산닛쿠 지방에서 나는 북방계 미역은 가늘고 단단하며 쫄깃한 식감이 뛰어났다. 나머지 시코쿠 지방에서

염장미역 요리 전시회

생산되는 남방계 미역은 잎만 넓고 맛이 떨어져 비교가 되었다.

사정이 이런데, 마침 한국의 기장 미역은 해류와 지역적 특성으로 품종이 우수하다고 소문이 났다. 그러니 일본 무역업자들이 산닛쿠 지방 미역을 대신할 수 있으면서, 자국 제품에 비해 저렴한 기장 미역을 탐낼 수밖에 없었다. 내가 한국 대표로 일본의 미역양식협회 관계자를 만나 상의한 결과 수입을 하겠다는 의사를 비춰 왔다. 그래서 양국 간 협약 대표를 만들어서 협의를 거듭했다. 그렇게 몇 차례 협의가 오간 다음 수출 협약을 체결했다.

그 뒤로 사업이 순탄하게 진행되었다. 나라에서 매해 수출 분량을 제한했는데, 그 기준은 전년도 실적을 바탕으로 했다. 다른 업체들은 일본 바이어들이 와서 품질 검열을 하면 자주 지적되고는 했다. 검열대 앞 제품만 좋은 품질을 쌓아 놓는다든가, 완도 미역과 섞어서 눈속임을 하려다가 들키기도 했다. 그에 비해 백촌수산은 품질면에서 우수해서 실적이 좋은 편이었다. 덕분에 매년 수출 분량도 충분히 확보되었다.

그렇게 십여 년을 순탄하게 사업을 이어 가며 돈을 좀 벌

수 있었다. 그 돈으로 부친이 진 빚도 갚고 아이들 공부도 시킬 수 있었다. 하지만 10여 년이 지나자 일본으로의 수출길이 점차 줄어들었다. 미역 양식업이 중국으로 넘어가면서 일본 업체들이 단가가 더 낮아진 곳으로 눈을 돌렸기 때문이었다. 더 이상 사업의 미래가 보이지 않았다. 설상가상으로 처가 쪽 인척에게 사기를 당했다. 순수한 마음으로 도우려던 것이 사달이 난 것이었다. 그 사람은 10억이 넘는 빚을 남겨 두고 달아나서 나타나지 않았다. 상심에 빠져 있을 때 문득, 조부님께서 생전에 하신 말이 떠올랐다.

"나가는 재산에 대해 미련을 가지지 마라. 재산이 나가면 잡지 말고 보내 주어라. 재산이라는 것은 왔다가 가고, 본래 그런 것이다. 억지로 잡으려 하면 사람이 다친다."

그 말씀을 생각하며 미련 없이 사업을 접었다. 공장도, 소유하던 미역어장도 모두 정리했다. 그렇게 정리한 돈으로 빚을 갚았다. 그나마 아이들을 어느 정도 키워 놓았을 때여서 다행이었다.

그렇게 백촌수산은 15여 년을 끝으로 무(無)로 돌아갔다. 돌이켜 보면 지나간 사업에 대한 미련은 없다. 다만, 미역 양식을 하며 재밌는 사실을 하나 알게 되었다. 기장 미역 종

백촌수산 터

패를 완도에 가져가서 키우면 완도 미역으로 자랐다. 반대로 완도 미역 종패를 기장에 가져와서 키우면 기장 미역으로 자랐다. 결과적으로 종자가 문제가 아니라 환경이 품질을 만들어 내는 것이다. 서남해의 잔잔한 파도에서 시련 없이 자란 미역은 넓지만 푸석하게 자라나고, 동해의 차고 빠른 물속에서 자란 미역은 가늘지만 단단하게 자랐다.

그 이치를 보면 사람도 마찬가지다. 어느 나라, 어느 지역 출신이 그 사람의 사람됨을 나타내지는 않는다. 정작 중요한 것은 어느 환경에서 어떻게 살아왔는지가 그 사람의 됨됨이를 나타낸다. 우스갯소리 같지만, 지금도 완도 미역과 기장 미역은 가격차이가 세 배가 난다.

한마디 보태자면, 차고 거친 바닷속에서 단단하게 자라나, 그 시절 나와 내 식구들의 생활을 지켜 준 기장 미역이 새삼 고마울 따름이다.

date.5

## 항모恒慕의 시간

## -능성 구씨의 시조

우리 구가는 1200년 고려 고종 때 사성을 받았다. 시조(始祖)는 존유(存有)이고 시조비(始祖妃)는 중국 주자(朱熹)의 증손녀다. 몽고의 남송 점령 시, 몽고병을 피해 고려에 망명 온 사람들 중 팔학사가 있었다. 그 사람들이 다 훌륭한 학자들이라 태사로 모셔져서 고려 임금의 스승이 되었다. 그 팔학사 중 하나가 주자의 손자인 주잠이었는데, 그분이 우리 시조인 구존유의 장인이 되었다.

한번은 우리 구가들 대종회에 참석한 적이 있었다. 그런데 거기서 '우리 구가는 중국에서 왔다.'라는 말이 오갔다. 그래서 내가 그걸 바로잡으려 한 기억이 있다.

"중국에는 구가가 없습니다. 저희의 시조비(始祖妃)는 중국 사람이지만, 시조(始祖)는 사성을 받았을 뿐 고려 사람이었습니다. 아마 사성을 받기 전까지 성도 없는 평민으로 살았을 겁니다. 그러다 국가에 공을 세워 성을 받았을 겁니다. 덧붙이자면, 고려 고종 때쯤 오면 평민들도 거의 다 성을 가졌습니다. 신라시대 때는 왕성 셋, 일반 백성 6성하고 성 9개가 내려왔지만, 그로부터 시작해서 고려 때도 많이 사성

항모恒慕의 시간

을 받아서 고려 말기인 1200년대에는 거의 모든 백성이 성을 가졌습니다. 우리 구가도 그 고려시대 끝머리에 성을 받은 것입니다."

이렇게 말하니 거기 모인 사람들이 수긍하지 않아 잠시 다투었던 적이 있다.

5대조 산소

항모恒慕의 시간

## - 사도세자와 능성 구씨의 낙남(落南)

우리 구가는 본관이 능성이다. 후에 능성은 국모가 났다고 해서 '능주'로 고을 주(州) 자를 붙여 승격시켜 불렀다. 그런데 일제 강점기에 일본인들이 조선의 국모가 난 땅을 무시하기 위해 지명을 바꾸었다. 본래 능주군이라 붙여야 할 이름을 능주보다 작은 화순군으로 통합한 것이다.

거기서 난 왕비가 누구냐 하면, 인조반정 때 연산군을 몰아내고 인조의 아버지 정양군이 그 아들인 인조를 왕으로 세웠는데 그 인조의 어머니가 능성 구씨다. 다시 정리를 하자면, 선조 때 정양군이라고 하는 인빈 김씨 큰아들에게 우리 구가 여식이 시집을 가서, 거기서 난 아들이 후에 인조가 된 것이다. 그 시기에 구가가 중앙 정치에 잠시 관여했던 것으로 여겨진다.

하지만 그 후 영조 때에 이르러 구가는 시련을 당하게 된다. 영조의 유일한 세자였던 사도세자가 아비와의 반목으로 뒤주에 갇힌 채 죽는 일이 발생했다. 그때 뒤주를 지킨 군인이 훈련도감의 군장이었다. 지금으로 생각하면 참모총장쯤 되는 인물이다. 그 이름이 구사맹이었다. 그 일이 지나간 후 정권이 바뀌었다. 노론 정권에서 남인 정권으로 바뀐 것이다. 그때 노론파는 우암 송시열을 위시해서 우리 구가가 다 노론이었다.

그렇게 정권이 바뀌고 나니, 사도세자의 뒤주를 지켰던 구사맹이 논란의 대상이 되었다. 남인 측에서 말하기를 '왕명이 지엄할지라도 왕손이며 세자의 신분인 분인데, 보살펴 주어야 하는게 당연한 것 아니냐. 유일한 세자인데도 그리 보살피지 않은 것은 다른 뜻이 있었던 것이 아니냐.' 이렇게 역모로 몰아서 훈련대장 구사맹이 참수되고 말았다. 구사맹은 영조가 시킨 대로 왕명을 따랐던 것 뿐인데, 당파싸움 때문에 희생되고 만 것이다. 그때 우리 구가 조상들이 겁을 먹고 한양에서 낙남(落南)하고 말았다. 8대조가 낙남해서 울산에서 2대 있다가, 기장에는 6대조부터 있었다.

그 후 사도세자 아들이 정조가 되었다. 그런데 역사에서도 볼 수 있듯이 정조는 효자였다. 수원 화성궁에 있는 자기 아비의 묘를 한 달에 한 번씩 찾아 볼 정도였다. 그만큼 아비에 대한 안타까움과 효가 깊었던 것이다. 덕분에 그 정조가 효자인 만큼 우리 구가는 후대로 피해를 입을 수밖에 없었다.

항모恒慕의 시간

## -5대조 할머니 울산 박씨

우리 집안 5대조 할머니는 울산 박씨다. 장안면 사람인
데, 열아홉 살에 혼자되었다. 슬하에 유복자 아들이 하나 있
었다. 혼자된 이후로 그는 어쩔 수 없이 이 마을에 살았는
데, 친정은 장안면 반용이었다. 다행히 친정 오빠가 보살펴
주었다. 수시로 살피고 가을이 되면 초가지붕을 엮어 얹어
주고는 했다. 세월이 지날수록 젊은 나이에 혼자되어 사는
동생이 딱해 보인 오빠는 재혼 처를 알아보려 하였다. 하지
만 5대조 할머니는 그 일로 마음이 상해서 다시는 친정 출
입을 하지 않았다.

그리고 5대조 할아버지의 동생이 청광에 살고 있었는
데, 농토가 많은 부자였다. 가을이면 추수 일손으로 일을 돕
고는 했다. 어느 날 일손을 돕다가 같이 식사를 했다. 도중
에 어린아이가 밥을 먹다가 흘리는 것을 보고 아까워서 주
워 먹었다. 그걸 본 그 집 사촌 동서 되는 사람이 "아니, 형
님. 입이 개 입도 아니고 그걸 주워 먹습니까?"하고 말했다
고 한다. 그때부터 모욕감에 작은집 출입도 끊었다고 한다.
그렇게 지조와 정절을 지키며 혼자 몸으로 우리 고조부 하

나를 키웠다. 훗날 그 고조부가 아들 여섯을 나았다. 그 덕에 우리 구가 자손이 많이 번성할 수 있었다. 지금 생각해 보면 조상 중에 이 5대조 할머니만큼 공이 큰 사람이 없다. 맘을 고쳐먹었으면 우리가 태어날 수도 없었을 것이다.

非有先祖(비유선조) 선조가 계시지 않았으면
我身曷生(아신갈생) 내 몸이 어디서 생겨났겠는가?
欲報其恩(욕보기은) 그 은혜를 갚고자 하면
昊天罔極(호천망극) 마치 하늘처럼 (높아) 끝이 없는 것이다.

## -강보에 싸인 종숙을 품은 조부님

능성 구가가 기장에 들어온 지는 250년 정도 되었다. 6
대조부터이다. 내가 듣고 기억하는 집안의 내력은 조부님
때부터이다. 우리 조부님의 동생이 내외간에 다 일찍 돌아
가셨다. 내 종숙(아저씨)은 강보에 있을 때 부모님이 다 돌
아가신 것이다. 그래서 큰댁과 협의하여 종숙 위에 있는 딸
을 둘은 큰댁에서 키워 시집보내기로 하고, 강보에 싸인 종
숙은 우리 조부님이 맡았다.

당시에는 아이 먹일 젖을 구하는 일이 쉬운 일이 아니었
다. 지금처럼 우유가 있는 시절도 아니어서 유모를 구해야
만 했다. 유모는 아기 낳은 지 얼마 되지 않아 아기가 죽은
여인이 있어야 가능했다. 조부께서는 사방에 수소문하여
일광면 상리에 장 씨 댁에서 유모를 구하여 종숙을 맡겼다.
하지만 조부님은 마음이 놓이지 않으셨다. 생각 끝에 살던
집과 땅을 백부에게 맡겨 놓고 상리로 이사를 갔다. 유모 곁
에 살면서 종숙을 챙긴 것이다. 그러니까 조카 하나를 위해
서 조부님은 그렇게 애를 쓰신 것이다. 내 아버지는 거기 상
리에서 태어났다. 몇 해 후에 원래 집으로 돌아와서 종숙도

아버지와 같이 자랐다. 조부는 종숙을 다 키워 결혼시켜 새로 집까지 지어서 분가시켰다. 요즘 세상이라면 누가 조카에게 그렇게 하겠는가.

항모恒慕의 시간

## -항모제(恒慕祭)

　문중 일은 조부님이 중심이 되어서 진행했다. 조부님은 낙람조 이후로 웃대 묘제를 전부 정리했다. 산소를 정비하고 비석을 세웠다. 울산에 있던 7대조 산소 제실 옆에 이장하고 '선산에는 더 이상 아무도 들이지 마라'는 원칙도 세웠다. 묘사를 지내기 위해 묘답도 서너 마지기 마련했다. 그러고 나니 문중이 이곳에 다 있어 이제 아쉬울 것이 없었다. 사대봉천 넘어 묘사 지내고 조상 모실 준비가 된 것이다. 조부님께서 그 일을 다 해 놓고 돌아가셨다. 그런데 조부님이 돌아가시고 아버지 대에 와서 아버지는 집안에 제실이 하나 있었으면 하고 바라셨다.

　"명문 집안에는 제실이 다 있다. 옛날에는 4대까지 아버지 할아버지 증조부 고조부 까지는 기제사를 지내고, 그걸 넘어가면 제실에 모시거나 단에 모셨다."

　그렇게 말하시며 동네 가운데 집을 사서 제실을 만들자 하셨다. 하지만 그 위치가 적절하지 않았다. 산 사람들 사는 동네 가운데 제실이 있으면 되겠는가. 그래서 내가 대안으로 5대조 산소 옆 문중 산자락에 지었으면 좋겠다고 말씀을 드렸다. 그러니 '좋기는 한데 거기 지을 수가 있느냐?'고 되물으셨다. 그때는 그린벨트니 뭐니 묶인 곳이 많아서 건축 허가를 받기가 어려웠던 탓이다. 그래서 마침 문중의 조카가 공직에 있어 문의를 하였다. 다행히 당시 법으로 제실을 지을 수가 있다는 답이 왔다.

그 말을 들은 아버지가 "그러면 한번 해 봐라." 하고 허락을 했다.

하지만 아버지는 제실을 짓기 전에 돌아가셨다. 다만, 가시기 전에 남긴 말씀이 있었다.

"이건(제실 짓는 일) 내가 차차 다음에 할 것이다, 그런 마음이면 나처럼 죽을 때까지 못한다. 나 죽고 초상을 치르고 나면 당장 하거라."

이렇게 유언을 남기시니 나는 머뭇거릴 수가 없었다. 그래서 아버지가 돌아가시고 당장 일을 벌였다. 내가 나서서 하기는 했지만 문중 어른들의 유지를 받들어 하나하나 만들어 갔다.

하지만 일을 벌여놓고 보니 제실을 지을 돈이 필요했다. 건축비로 3억 정도가 필요했지만 문중이 가진 돈은 5천만 원밖에 없었다. 그래도 문중회의를 통해 제실 지을 것을 협

　　　　　　　　　　　　　　항모恒慕의 시간

제실 치엄문

의하고, 문중 산 앞 도로 밑에 논과 땅을 팔아 3억을 마련하기로 하였다. 얼결에 그 진행과 책임을 내가 맡아 하게 되었다. 단, 땅 팔고 계약하고 돈 수령한 걸 모두 회의록을 써서 이첩을 하라는 어른들의 지시가 있었다. 다행히 시기적으로 부동산 시세가 오르는 때라 땅은 예상보다 비싼 가격에 팔렸다. 3억을 받자고 3억 5천에 땅을 내놓았는데 중간에 소개꾼이 끼어 1억을 더 주겠다고 했다. 그렇게 돈 문제가 해결되자 이제는 제실을 어떻게 지어야 할지가 문제였다.

일단 제실을 잘 지었다는 곳을 수소문해서 찾아다녔다. 그 중에 가 잘 된 곳을 본을 삼아 그대로 짓겠다고 마음을 먹었다. 하지만 일할 목수에게 지시를 내리자니 설명이 제대로 될 것 같지 않았다. 할 수 없이 내가 하나하나 공부하는 수밖에 없었다. 석가래, 선좌에 석가래를 거는 방법, 연필처럼 깎아서 붙는 석가래 모양. 요즘은 대부분 이를 약식으로 하여 널판자를 대면서 선좌를 생략하는데, 우리 제실은 끝까지 고수하였다.

그렇게 힘들게 공사를 하고 있을 때 문중 작은삼촌이 어깃장을 놓았다. 공사비가 많이 든다는 이유였다. 담은 시멘트 블록으로 쌓으라 하는 둥 참견이 있었다. 제실은 번듯하

　　　　　　　　　　　　　항모恒慕의 시간

제실 항모제

게 지어 놓고 담을 시멘트로 쌓는다는 건 말이 되지 않았다. 그래서 기어코 내 의지대로 돌담을 쌓았다.

다 완성된 제실 이름은 항모제(恒慕祭)라 짓고 현판을 걸었다. 항모제라는 이름은 내 8대조 낙남조 태항공(泰恒公)에서 따왔다. 클 태(泰)에 늘 항(恒) 자. 중국 태산 항산 숭산 곤륜산, 4악 중에 맨날 꿈에서 태산을 거닐었다고 해서 호가 태항이었다. 그 호에서 늘 항(恒) 자를 가져와서 '늘 사모한다'라는 의미로 항모제라 이름을 지었다. 또 제실 입구 문의 문호는 치엄문(致嚴門)이라 이름을 지었다. 이룰 치(致)에 엄할 엄(嚴). 이는 효경(孝經)의 기요행장(紀孝行章)에서 그 뜻을 가져왔다.


子日(자왈) 공자께서 말씀하시기를

孝子之事親也(효자지사친야) 효자가 부모를 섬김에 있어서

居則致其敬(거칙치기경) 평소 슬하에 있을 때에는 그 공경하는 마음을 다하고

養則致其樂(양칙치기락) 봉양함에 있어서는 부모가 즐거움을 다하도록 하고

病則致其憂(병칙치기우) 부모가 병이 나셨을 때는 근심을 다하도록 하고

喪則致其哀(상칙치기애) 부모가 돌아가시면 슬픔을 다하도록 하고

祭則致其嚴(제칙치기엄) 제사에 있어서는 엄숙한 마음을 다하여야 하니

五者備矣(오자비의) 이 다섯 가지가 갖추어진

然後(연후) 연후라야

能事親(능사친) 부모를 잘 섬겼다고 말할 수 있다


고 하였다. 또한,


事親者居上不驕(사친자거상불교) 부모를 섬기는 자는 윗자리에 있어도 교만하지 않고

爲下不亂(위하불란) 남의 밑에 있어도 질서를 어지럽히지 않고

在醜不爭(재추불쟁) 패거리 안에 있어도 다투지 않는다

居上而驕則亡(거상이교즉망) 윗자리에 있으면서 교만하면 망할 것이요

항모恒慕의 시간

爲下而亂則刑(위하이란칙형) 남의 밑에 있으면서 질서를 어지럽히면 형벌을 받을 것이요

在醜而爭則兵(재추이쟁칙병) 패거리 안에 있으면서 싸우면 상처를 입을 것이다.

三者不除(삼자불제) 이 세 가지 일을 없애지 아니하면

雖日用三牲之養猶爲不孝也(수일용삼생지양유위불효야) 설사 날마다 쇠고기나 양고기 그리고 돼지고기로써 봉양해도 오히려 불효가 될 것이다.

하였다. 그 중에 祭則致其嚴(제칙치기엄), '제사 지낼 때는 엄숙한 마음을 다하라'는 부분에서 그 의미를 따온 것이다. 제실 문을 통과할 때 아주 엄숙한 마음을 가지고 통과하라는 뜻이다. 이름을 짓고 이러이러한 연유로 이름을 지었다고 삼촌에게 이유를 설명했다. 그제서야 삼촌도 선선히 수락을 했다.

이름을 정하고 나자 또 문제가 생겼다. 현판을 써야 하는데 하루 이틀 볼 것도 아니고 수십 년을 두고 볼 글씨인 탓에 함부로 쓸 수는 없는 노릇이었다. 어쩔 수 없이 글 잘 쓰는 사람을 돈을 들여서 구하려 하는데, 삼촌이 다시 어깃장

항모恒慕의 시간

을 놓았다. 돈들이 필요 없이 나더러 쓰라는 것이었다. 하지만 그건 돈이 문제가 아니라 내 실력으로 될 문제가 아니었다. 그래서 수소문을 해 보니 당시 붓글씨로 전국에서 장원한 사람이 부산 영도에 살고 있었다. 그 사람을 찾아가 부탁을 하니 고맙게도 선선히 써 주었다. 그분께 현판 글 두 폭을 받았다. 사례는 고사하여 답례로 미역을 선물했다. 이유는 어찌 되었든 결과적으로 삼촌의 바람대로 돈 안들이고 일이 마무리되었다.

그렇게 제실을 다 지어 놓고 나니 마음이 놓였다. 지금은 문중에서 내 나이가 제일 많고 항렬도 제일 높다. 그 위치에서 돌이켜 보면 내가 죽기 전에 문중에 정리되지 않은 것이 없는지 뒤돌아보게 된다. 하지만 이제는 저승 가서 어른들 만나도 할 말이 있다. 아버지가 돌아가시기 전에 당부한 일을 완수했다는 뿌듯한 마음도 있다. 이제 저승에 가서 아버지를 다시 만나면, "아버지 말씀대로 당장 했습니다. 따로따로 되어 있던 것도 제가 전부 깨끗하게 모아서 정리하고 왔습니다." 하고 할 말이 생겼다.

date.6

백촌栢村의 시간들: 화보畫報

4·19혁명으로 격동의 시대를 맞이하던 때에
군 생활을 했다.

좌측부터 김치용, 이정백, 구석기

좌측부터 강경택, 김복윤, 구석기

백촌栢村의 시간들

호기로웠던 40대

한때 오토바이를 즐겨 탔고,
낚시나 당구 같은 취미를 즐기기도 했다.

씨름대회에 참가한 이만기 선수를 격려하며

1994년 11월, 면민의 날 및 충효탑건립을 축하하며 기념사를 하다.

백촌栢村의 시간들

한국미역가공협회 행사

1987년 11월 평화민주당 창당대회

백촌栢村의 시간들

평화민주당 창당대회에서
"김대중을 대통령으로 세우자"고 연설하는 모습

모란이 피던 봄날, 아내와

백촌栢村의 시간들

三 幸 物 産 ㈱　　南

旅

백촌수산을 운영하던 때.
기장미역을 수입하는
일본 업체를 방문하다.

백촌栢村의 시간들

40대 시절, 배를 타고 어디론가 떠나고 있다

신민당 양산김해지구당 당원대회에서

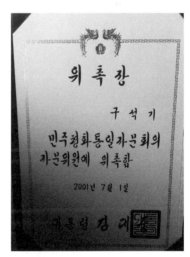

민주평화통일자문회의 자문위원 위촉장

백촌栢村의 시간들

백두산 천지에서 아내와 함께

경주 여행

백촌栢村의 시간들

환갑 기념

캐나다에서(제일 오른쪽이 큰딸 숙경)

아내와 칠순을 기념하여 떠난 캐나다 여행길에서

백촌栢村의 시간들

아내와 등산길에서

2021년 5월, 아내와

백촌栢村의 시간들

선산 5대조 산소를 찾아

## 감사의 글

학창 시절 가장 존경하는 사람을 적어 내라고 하면 언제나 '아버지'라고 썼습니다. 지금도 가장 존경하는 사람이 '아버지'라고 말합니다. 성인이 되어 가치관과 현실이 충돌할 때, 스스로 정한 원칙이 거추장스러울 때, 더 편한 길이 유혹할 때, 그 모든 때마다 아버지를 떠올렸습니다. 격랑의 근·현대사를 온몸으로 헤쳐 오면서도 원칙과 소신을 지키며 살아온 아버지를 떠올리면, 흔들리는 나 자신이 너무 부끄러웠습니다. 그리고 아버지께서 걸어온 길이 얼마나 어려운 길이었는지 더욱 깊이 알게 되었습니다.

당신은 정치적 득실을 살피는 정치인이라기보다, 나라가 어려울 때 나라를 구하기 위해 뛰어든 우국지사요, 원칙과 소신을 목숨과 같이 여기는 선비셨습니다. 그 긴 세월을 민주화를 위해 헌신하시며 평생을 올곧게 걸어오신 내 아버지.

학창 시절 주말이나 방학을 맞아 집에 가면 아버지와 큰 방에서 함께 머물며 밤새 얘기를 했던 기억이 납니다. 당신께서 고교 시절 배웠던 화학방정식까지 훤히 기억하며 마치 재밌는 이야기를 하듯 설명을 하셨고, 대학 때는 시국에 대한 열띤 얘기로 시간 가는 줄 몰랐습니다. 때때로 고전 속의 공자·맹자 등 선현들의 금언과 명구들, 이백·두보·도연명의 시문을 줄줄 읊으며 풀이하고 교훈을 말씀해 주기도 했습니다. 그럴 때마다 백과사전과 같은 지식과 기억력에 놀라면서, 제가 아버지의 명민함을 닮지 못한 것이 안타까웠습니다.

그런 마음이 모여 오래전부터 아버지의 어록을 남겼으면 좋겠다고 생각했습니다. 생각만 하고 실천을 미루다가, 이제야 아버지의 생을 되돌아보는 회고록을 남기게 되었습니다. 이 회고록은 아버지 당신 삶의 궤적을 되돌아보는 기록이기도 하지만, 사랑하는 가족 친지들이 아버지를 오랫동안 기억하고 싶은 소망을 담은 기록이기도 합니다. 아버지의 기억력이 예전 같지 않아서 안타깝고, 더 서두르지 못해서 후회스럽고 죄송한 마음이 크지만, 더 늦기 전에 이렇게나마 회고록을 발간할 수 있어서 감사한 마음입니다.

쉽지 않은 한국의 근현대사를 관통하는 85년 인생을 솔직 담백하게, 풍부한 이야기로 풀어내신 아버지의 능력에 새삼 감탄합니다. 아버지 말씀을 잘 엮어 주신 임성용 작가

께도 감사드립니다.

아버지는 언제나 저희를 믿어 주시고 오랫동안 기다려 주셨습니다. 우리 인생의 가장 든든한 언덕이십니다. 저희를 잘 키워 주신 은혜에 깊이 감사드립니다. 아버지, 존경하고 사랑합니다.

큰딸 구숙경

감사의 글

**백촌栢村의 항심恒心 —여기서 돌아보니, 나는**

2021년 6월 21일 1판 1쇄 펴냄

지은이　　구석기

기록　　　임성용

펴낸이　　김성규

편집　　　김은경 조혜주

디자인　　김동선

펴낸곳　　걷는사람

주소　　　서울 마포구 월드컵로16길 51 서교자이빌 304호

전화　　　02 323 2602

팩스　　　02 323 2603

등록　　　2016년 11월 18일 제25100−2016−000083호

ISBN　　　979-11-91262-43-8 [04990]

　　　　　979-11-91262-50-6 세트